Le Montréal gourmand 2015

de Philippe Mollé

D0988402

ULYSSE

Crédits
Auteur: Philippe Mollé
Éditeur: Pierre Ledoux
Correcteur: Pierre Daveluy
Conception graphique: Pascal Biet
Infographistes: Judy Tan, Philippe Thomas
Cartographe: Annie Gilbert

Cet ouvrage a été réalisé sous la direction de Claude Morneau.

Remerciements

Philippe Mollé: Mes remerciements vont à mon éditeur Ulysse, qui me permet de m'exprimer dans mes passions, aux producteurs agricoles sans qui les bons produits seraient inexistants, aux artisans des métiers de bouche et aux chefs restaurateurs qui, chaque jour, savent alimenter nos papilles, ainsi qu'aux consommateurs de plus en plus avisés qui m'offrent ce privilège de travailler plus fort.

Guides de voyage Ulysse reconnaît l'aide financière du gouvernement du Canada par l'entremise du Fonds du livre du Canada (FLC) pour ses activités d'édition.

Guides de voyage Ulysse tient également à remercier le gouvernement du Québec – Programme de crédit d'impôt pour l'édition de livres – Gestion SODEC.

Guides de voyage Ulysse est membre de l'Association nationale des éditeurs de livres.

Note aux lecteurs

Tous les moyens possibles ont été pris pour que les renseignements contenus dans ce guide soient exacts au moment de mettre sous presse. Toutefois, des erreurs peuvent toujours se glisser, des omissions sont toujours possibles, des adresses peuvent disparaître, etc.; la responsabilité de l'éditeur ou des auteurs ne pourrait s'engager en cas de perte ou de dommage qui serait causé par une erreur ou une omission.

Écrivez-nous

Nous apprécions au plus haut point vos commentaires, précisions et suggestions, qui permettent l'amélioration constante de nos publications. Il nous fera plaisir d'offrir un de nos guides aux auteurs des meilleures contributions. Écrivez-nous à l'une des adresses suivantes, et indiquez le titre qu'il vous plairait de recevoir.

Guides de voyage Ulysse

4176, rue Saint-Denis, Montréal (Québec), Canada H2W 2M5, www.guidesulysse.com, texte@ulysse.ca

Les Guides de voyage Ulysse, sarl

127, rue Amelot, 75011 Paris, France, www.guidesulysse.com, voyage@ulysse.ca

Catalogage avant publication de Bibliothèque et Archives nationales du Québec et Bibliothèque et Archives Canada

Mollé, Philippe, 1951-

       Le Montréal gourmand de Philippe Mollé

       3e édition.

       Comprend un index.

       ISBN 978-2-89464-414-0

       1. Restaurants - Québec (Province) - Montréal - Répertoires. 2. Épiceries fines - Québec (Province) - Montréal - Répertoires. I. Titre.
TX907.5.C22M6 2014b   647.95714'28   C2014-940802-1

Bibliothèque et Archives nationales du Québec

Dépôt légal – Quatrième trimestre 2014

ISBN 978-2-89464-414-0 (version imprimée)

ISBN 978-2-76581-712-3 (version numérique PDF)

ISBN 978-2-76581-713-0 (version numérique ePub)

Imprimé au Canada

MIXTE
Papier issu de
sources responsables
FSC® C103567

sommaire

Comment utiliser ce guide 4

Mot de l'auteur 7

Les grandes tendances 8

La cuisine de rue de retour à Montréal 10

Appréciation des restaurants 12

Mes agréables surprises du moment 14

Mes déceptions gourmandes du moment 16

Pour vous aider à choisir 18

140 restaurants choisis pour vous 26

Cuisine actuelle 27

Cuisine française 74

Cuisine québécoise
et curiosités montréalaises....... 106

Cuisine italienne 127

Cuisines portugaise
et espagnole 139

Cuisine chinoise 149

Cuisine japonaise 152

Autres cuisines
internationales 163

80 découvertes gourmandes 175

Alcools... 176

Articles de cuisine 177

Ateliers et cours de cuisine 177

Boucheries, charcuteries et
poissonneries............................ 178

Boulangeries, pâtisseries
(et les meilleurs croissants!) 182

Cabanes à sucre 188

Chocolateries 188

Crêpes et sandwichs 189

Épiceries et marchés.................... 191

Fromageries 196

Fruiteries 198

Glaciers 199

Librairie 200

Maison de thé 201

Traiteurs 201

Pour découvrir la génération
montante des chefs.................... 202

10 recettes pour se faire plaisir 203

10 vins pour se faire plaisir 215

10 huiles d'olive pour se faire plaisir 218

... et pour s'y retrouver (cahier de cartes) 221

Index des restaurants 237

Index des découvertes gourmandes 239

Comment utiliser ce guide

Vous souhaitez vous laisser guider par l'auteur?

Consultez les listes de ses agréables surprises
(p. 14), de ses coups de cœur (p. 18), et des
établissements auxquels il a attribué des toques
(p. 23).

Vous avez une ambiance ou un genre d'établissement en tête?

Parcourez les autres listes thématiques concoctées
par Philippe (p. 19).

Vous recherchez un type de cuisine en particulier?

Les restaurants du chapitre « 140 restaurants choisis pour vous » (p. 26) sont classés par cuisines, puis par ordre alphabétique.

En quête d'autres adresses gourmandes (boucheries, poissonneries, boulangeries, pâtisseries, épiceries, marchés ou autres)?

Référez-vous au chapitre « 80 découvertes gourmandes » (p. 175).

Envie de vous abandonner à d'autres plaisirs gourmands dans le confort de votre foyer?

Philippe vous propose 10 recettes à essayer (p. 203), 10 vins à déguster (p. 215) et 10 huiles pour cuisiner (p. 218).

Philippe Mollé

Né en France, Philippe Mollé est devenu un globe-trotteur de l'alimentation. Après des études en hôtellerie et restauration, il entame le parcours des grandes maisons, notamment chez Gaston Lenôtre et au restaurant Ledoyen à Paris, puis ensuite au Japon et à Tahiti au Park Royal, avant de venir à Montréal pour participer à l'ouverture de l'hôtel Vogue et du Société Café. Il se dirige ensuite vers le journalisme alimentaire où il prône une gastronomie ouverte à tous. Il manifeste au fil des années son intérêt pour l'agriculture et la défense des petits producteurs. Installé au Québec depuis les années 1980, il est aujourd'hui conférencier, auteur de plusieurs ouvrages et actif au sein de journaux comme *Le Devoir* et de nombreux magazines sur l'alimentation. Il participe depuis plusieurs années à l'émission radio *Samedi et rien d'autre* de Joël Le Bigot, sur les ondes de ICI Radio-Canada, et anime sa propre émission de télévision à la chaîne Évasion, *Les routes de Philippe*.

Mot de l'auteur

Voici le temps venu pour le guide du *Montréal gourmand* 2015. Que nous réserve cette nouvelle année pleine de changements, dont certains s'effectuent dans la douleur de voir des restaurants parmi nos préférés fermer leurs portes? Heureusement, la perte des uns est compensée par l'arrivée des nouveaux.

Dans cette nouvelle édition de mon guide, j'essaie de vous apporter un peu de fraîcheur tout en conservant les acquis solides du passé. Vous y découvrirez mes restos coups de cœur, mes choix de vins, mes petites recettes préférées et ma passion pour ce nectar précieux qu'est l'huile d'olive.

Vous pourrez aussi y découvrir les meilleures crèmes glacées et le meilleur pain de Montréal, les magnifiques croissants des Co'Pains d'Abord, les fameuses baguettes de L'Amour du pain et les petites douceurs de Fous Desserts. Sans oublier ce grand passionné qu'est Monsieur Bonneau, ce chocolatier de la rue Fleury qui associe merveilleusement les vins aux plus fines fèves de cacao. Le *Montréal gourmand* 2015 sera un grand cru, celui qui réunit mes passions qui, je l'espère, seront aussi les vôtres.

La sélection d'établissements que propose ce guide ne représente qu'une infime partie des milliers de restaurants de Montréal, lesquels sont chargés, en plus de nous nourrir, de nous procurer du plaisir. Le décor, la qualité de la cuisine et la sélection des vins sont des éléments essentiels dans mes choix, mais l'originalité et la créativité de l'expérience gustative et le dosage de la musique peuvent aussi me séduire.

Dans cet ouvrage, je vous fais découvrir la vie des artisans des métiers de bouche, ceux qui ont au fil de leurs passions construit à ce jour le Grand Montréal gourmand. Je vous souhaite autant de plaisir que j'ai pu en avoir à partager avec mes amis ces repas qui deviennent pour moi à chacune des bouchées toujours plus enrichissants.

Les grandes tendances

Dans le monde entier, la cuisine et la gastronomie évoluent au même titre que la mode, la peinture ou la musique. Montréal ne fait pas exception et demeure influencée par les tendances et les modes qui proviennent de l'extérieur. Les chefs d'aujourd'hui s'inspirent de ce qu'ils voient ailleurs, de leurs rencontres avec les autres chefs qui visitent le Québec et de la multitude de produits tant locaux qu'en provenance du reste du monde.

Si la gastronomie est devenue sans frontières, il demeure qu'elle s'interprète souvent de la façon la plus simple avec un bon produit auquel s'ajoute le talent. La première considération pour les consommateurs qui se rendent dans un restaurant ici ou ailleurs demeure celle d'avoir du plaisir. Un plaisir qui peut bien sûr différer d'une personne à l'autre.

Dans la dernière année, les tendances charcutières se sont accentuées à Montréal avec la popularité des produits de la Boucherie Lawrence, de l'épicerie Latina et de tous ces comptoirs charcutiers qui essaiment dans la ville. Les bières de microbrasserie ont trouvé un bel ambassadeur au Bier Markt, et le quartier de Griffintown et ses environs poursuivent leur mutation avec l'arrivée de nouveaux commerces comme la boutique du maître pâtissier Patrice Demers et la grande Épicerie La Bourgogne.

On parle aussi beaucoup cette année des produits «labellisés», «faits maison» et «du terroir», ou encore de l'utilisation de produits locaux et saisonniers. Tout cela est fort honorable à condition que la démarche soit honnête et sincère. En tant que consommateur, gourmet et client, vous êtes en droit de savoir d'où vient ce que vous consommez. Pour reprendre le vieil adage, *« Dis-moi ce que tu manges, et je te dirai qui tu es »*. Mais dans bien des cas, on a vu que le fait de mettre sur sa carte un produit d'ici n'était qu'un leurre de marketing.

Après la mode des sushis et des cévichés, on peut dans les années futures s'attendre à voir fleurir une cuisine métissée qui offre, tendance oblige, des plats sans gluten et sans produits laitiers, et avec des choix végétariens de plus en plus en demande.

Certaines tendances plus regrettables se sont aussi perpétuées récemment. Par exemple, on a depuis plusieurs années presque oublié la référence que peuvent constituer les restaurants d'hôtel. Malheureusement, ceux-ci ont bien souvent banalisé leur cuisine au point de la rendre fade et inintéressante, ce qui n'est pas le cas en Asie par exemple, où les grandes chaînes hôtelières offrent des restaurants aux cuisines variées tant en choix qu'en prix pour répondre à la demande.

Autre tendance à déplorer : dans certains restaurants, on mise souvent davantage sur le décor, l'ambiance et le style que sur la cuisine que l'on sert. Musique trop forte, plats décousus, prix excessifs et un service bien souvent ordinaire nous donnent envie de rester à la maison.

Et finalement, ne vous inquiétez pas si vous êtes déçu par un restaurant proposé dans ce guide, il m'arrive aussi parfois de l'être dans certains établissements inconstants ou qui changent trop facilement de chefs ou encore de formule. Un bon restaurant demeure constant et se juge autant sur la qualité de ses plats que sur celle du pain offert et du café servi en fin de repas.

La cuisine de rue de retour à Montréal

On revendiquait depuis longtemps à Montréal le retour de la cuisine de rue comme on la retrouve dans toutes les grandes métropoles du monde. Eh bien, depuis 2013, c'est fait. Cette fois ce sont des camions, dont certains sont équipés à la manière de restaurants, qui nous offrent une nourriture qui dépasse souvent ce que l'on propose dans les comptoirs de cuisine rapide : éclectiques ou conventionnels, parfois inusités, dans tous les cas ils demeurent accessibles.

Ces camions se garent de façon ponctuelle sur les grandes places du centre-ville, dans le parc du Mont-Royal et dans différents quartiers, et sont également présents lors des différents festivals et grands événements qui sont présentés à Montréal, notamment dans le Quartier des spectacles et sur l'esplanade du Parc olympique. Certains de ces camions gourmands sont même sous la houlette de chefs connus. Pour le moment, voici la liste des établissements qui ont été retenus pour l'été 2014 et qui proposent une nourriture variée qui peut facilement combler tout le monde.

- **Alexis Le Gourmand** (effilochés et burgers de dinde)
- **Boîte à Fromages** (raclette sur pommes de terre)
- **Les Brigands** (chaussons salés et sucrés)
- **Café Larue & Fils** (café et pâtisseries)
- **Café Mobile Dispatch** (café et viennoiseries)
- **Camion Au Pied de Cochon** (porc, canard, beignes)
- **Chaud Dogs** (hot-dogs artisanaux)
- **Le Cheese** (macaroni au fromage, grilled cheese)
- **CRémy Mobile** (beignes d'exception, pâtisseries fines)
- **Crêpe-moi!** (crêpes salées et sucrées)
- **Das Truck** (schnitzels, saucisses, choucroute)

- **Dim Sum Montréal** *(dumplings, pains vapeur au porc laqué)*
- **Fous Truck, bar à croissants** *(croissants-sandwichs, pâtisseries)*
- **Gaufrabec** *(gaufres salées et sucrées)*
- **Gourmand Vagabond** *(sandwichs, charcuteries, fromages, salades)*
- **Grumman 78** *(tacos)*
- **Landry & filles** *(sandwichs, salades et spécialités acadiennes)*
- **Lucille's** *(huîtres, guédilles de homard, côtes levées au barbecue)*
- **Lucky's Truck** *(poutine au canard confit, guédilles de crevettes)*
- **Nomade So6 par Accords** *(saucisses)*
- **Ô sœurs volantes** *(sandwichs santé, salades)*
- **P.A. & Gargantua** *(grilled cheese)*
- **La Panthère Mobile** *(salades et sandwichs végétariens et bio)*
- **Pas d'cochon dans mon salon** *(sandwichs au porc effiloché, huîtres)*
- **Phoenix 1** *(sandwichs gourmets)*
- **Le point sans g** *(cuisine variée sans gluten)*
- **Le Quai Roulant** *(fish and chips, gâteaux de crabe, sandwichs)*
- **Le Super Truck** *(poulet frit, sandwichs au poulet et au flanc de porc)*
- **Le Tuktuk** *(cuisine thaïlandaise)*
- **Winneburger** *(choix de hamburgers)*
- **Zoe's** *(sandwichs au poulet grillé, au flanc de porc, à l'agneau)*

Appréciation des restaurants

Les établissements qui apparaissent dans ces pages ont tous développé ou démontré une certaine constance, un vécu alimentaire, ou encore nous offrent des moments d'évasion gourmande. Tous les prix sont mentionnés à titre indicatif et sont sujets à changement. Ces prix, généralement en vigueur en soirée, sont pour une personne et ne comprennent ni les vins ou alcools ni le service ou les taxes.

Les **toques** qui sont attribuées à chaque restaurant dans ce guide sont un indice mais jamais une finalité en soi. Ces classifications pourront changer au fil des prochaines éditions de ce guide, et les restaurants auxquels je n'ai pas attribué de toques ou de coups de cœur ne sont pas pour autant moins bons, mais ils offrent peut-être moins de choix, moins de confort, moins d'attentions, ou un décor plus simple. Avant de prendre une décision, j'évalue la qualité des mets présentés à chacune de mes visites, souvent au nombre de trois. Les commentaires de convives, les visites de critiques ou de chefs viennent étayer mes propos. Pour la liste de tous les établissements auxquels j'ai attribué des toques, reportez-vous à la page 23.

 L'attribution d'**une toque** signifie que l'établissement propose une cuisine de qualité, emploie de bons produits et offre une ambiance distinctive.

 Les restaurants qui reçoivent **deux toques** ont déjà toutes les qualités des établissements auxquels j'ai attribué une toque, mais avec en plus un sommelier et une belle carte des vins, du pain de meilleure qualité, des verres fins et un service courtois.

Pour les **trois toques**, la constance est nécessaire, et l'équilibre des arts de la table, du menu, de la carte des vins et du personnel choisi fait partie intégrante des facteurs déterminants au classement. Le pain, le café et les desserts ont autant d'importance que celle de bien se faire expliquer le menu ou la table d'hôte par le personnel de salle. De l'accueil au départ, l'ensemble doit être harmonieux et répondre à toutes les exigences.

 Mes **coups de cœur** représentent des instants de fébrilité gourmande. Ils peuvent être attribués à la suite d'une dégustation unique, grâce à une atmosphère saisissante ou tout simplement en raison d'un repas mémorable passé en compagnie de personnes aussi passionnées que moi. Vous trouverez la liste de tous mes coups de cœur à la page 18.

Certains lecteurs peuvent être déçus dans l'un ou l'autre des restaurants visités par mes soins. Dans tel cas, n'hésitez pas à me le faire savoir et chaque remarque sera alors évaluée comme il se doit. Dans le même ordre d'idées, de bons bistros, restaurants et autres adresses gourmandes peuvent avoir été oubliés; n'hésitez pas à me les suggérer, ils feront peut-être partie d'une édition future de ce guide.

Amitiés gourmandes,

Philippe Mollé

pmolle@videotron.ca

Au hasard d'une visite, ces agréables surprises me procurent des moments inoubliables et me font découvrir des produits ou des saveurs particulières que je partage ici avec vous.

Tout à l'érable glacé

Jean-Pierre Martel sait nous faire saliver avec ses crèmes glacées riches et onctueuses sucrées au sirop d'érable et parfumées aux fruits et au cidre de glace. Un produit 100% *made in* Québec.

Crème glacée du terroir Hudson, *p. 199*

À Boucherville, on paie 17,17$ le midi

Faut le faire, offrir une superbe qualité de restauration moins chère que du *fast food*. C'est chez Lionel, à Boucherville, qu'on retrouve le repas du midi le moins cher du Grand Montréal.

Chez Lionel, *p. 42*

Le restaurant de l'heure

On l'attendait, il est maintenant bien présent. À l'image de ses petits frères du Club Chasse et Pêche et du Filet, Le Serpent offre une expérience culinaire exemplaire.

Le Serpent, *p. 70*

De sublimes choux et tartes

On les aime à la folie, ces jeunes fous du sucré. En plus de merveilleux macarons, ils nous offrent des choux et un concept de tarte que l'on savoure d'abord avec les yeux.

À la Folie, *p. 182*

La viande de Moishes chez IGA

Aucun doute sur la qualité d'une viande mûrie à point et à sec durant plus de 30 jours. On retrouve désormais chez IGA les steaks hors normes de la célèbre maison Moishes. Cher, mais sans pareil.

Moishes, *p. 121*

Le resto japonais qui promet

Il est encore tout chaud et neuf, mais il présente déjà des allures de grand restaurant asiatique, et plus précisément japonais. Son décor est sublime avec un grand bar, de très hauts plafonds et des fûts en papier de riz pour le saké. En prime, une cuisine attractive basée sur les sushis et des inspirations qui marient aussi bien les traditions japonaises que thaïlandaises et chinoises. À revisiter pour confirmer mes premières impressions.

Kyozon, *1458 rue Crescent, Montréal, 514-439-8383, www.kyozon.ca*

Le meilleur bistro « apportez votre vin » (ou votre bière)?

La rue Ontario est en train de changer radicalement. Près du marché Maisonneuve, on découvre ce petit bistro fort sympathique qui offre à petit prix une cuisine de qualité.

Bagatelle Bistro, *p. 77*

Le meilleur accord du chocolat

Monsieur Bonneau est sans aucun doute un des meilleurs chocolatiers du moment. Il explique avec savoir et talent les accords du vin et des grands crus de chocolat. De surprises en dégustations, chez lui on associe Bacchus à la finesse de la divine fève de cacao.

Chocolaterie Bonneau, *p. 189*

Ikanos, je me souviens

Je me souviens de l'ancien Tasso bar à mezze de la rue Saint-Denis, qui s'appelait le Symposium Psarotaverna lorsque son défunt propriétaire Tasso Saltiaris était aux commandes, et je me rappelle encore de ses spécialités de pieuvre grillée et de salades grecques. Tout cela est de retour avec Ikanos, le nouveau Tasso qui sait nous faire apprécier l'ancien dans un élan de modernité.

Ikanos, *p. 169*

Parfois il m'arrive à la première impression ou visite d'être subjugué par un établissement, que ce soit pour sa cuisine ou son décor, ou encore parce qu'un plat particulier me fait dire que c'est un endroit hors du commun. Mais il m'arrive aussi lors d'une deuxième ou troisième visite de déchanter. Accident, peut-être, alors j'y retourne. Et puis là c'est l'effondrement, la catastrophe et finalement le déclassement. Dans d'autres cas, c'est la fermeture d'un établissement que j'estimais particulièrement ou le départ d'un chef dont d'appréciais les talents qui causent mon désappointement. Voici donc pour cette année écoulée quelques-uns de ces «accidents de parcours» et autres déceptions.

La Porte qui se referme

Il y a raison de s'inquiéter lorsqu'un très bon chef ferme son restaurant pour aller s'installer ailleurs qu'à Montréal. C'est le cas avec le restaurant La Porte, qui ne se trouve plus à sa place sur le boulevard Saint-Laurent.

La Porte, *fermé*

Julien, après tant d'années

Quiconque comme moi a connu les belles années du Restaurant Julien, cet établissement tenu d'une main de maître par Claude Foussard, va regretter sa cuisine de bistro, sa terrasse du centre-ville et l'ambiance que la gérante Danielle Lord avait su créer.

Restaurant Julien, *fermé*

Gauthier la fin d'une belle époque

Une belle boulangerie, du boudin fait maison, une jolie terrasse et puis Moïse Gauthier disparaît et tout s'écroule. Gauthier est mort, à quand un nouvel établissement en souvenir de la belle époque où on disait « *On va chez Gauthier* » ?

Bistro chez Gauthier, *fermé*

Le Beaver Club et le départ de Michel Busch

Il était comme le pape de la restauration et celui que tout le monde appelait Michel. Il est parti et on ferme cette institution un peu vieillotte du Reine Elizabeth.

Le Beaver Club, *fermé*

L'Auberge Saint-Gabriel, sans Gonzalez

On a longuement associé cet enfant terrible des cuisines au succès de l'Auberge Saint-Gabriel. Il quitte pour, on l'espère, nous faire revivre ses coups de cœur gourmands ailleurs.

L'Auberge Saint-Gabriel, *p. 76*

Arëm : sitôt ouvert, sitôt fermé

Allez donc savoir pourquoi certains restaurants comme Arëm osent se lancer avec grands tambours et trompettes dans le monde de la restauration montréalaise. Ouvert avec faste en janvier 2014 et fermé à peine six mois plus tard, il est reparti sur son tapis volant chargé d'épices, d'ailleurs peut-être trop fortes pour Montréal.

Arëm, *fermé*

Pour vous aider à choisir

Mes coups de coeur
(pour l'ensemble de leur oeuvre)

- **Barcola Bistro** *p. 128*
- **Café Sardine /
  Iwashi** *p. 108*
- **Les coudes
  sur la table** *p. 48*
- **Graziella** *p. 129*

- **Ikanos** *p. 169*
- **Laloux** *p. 93*
- **Restaurant Gandhi**
  p. 173
- **Wellington** *p. 105*

Pour l'audace en cuisine

- **Barcola Bistro** *p. 128*
- **Chez Lionel** *p. 42*
- **Impasto** *p. 130*
- **Jun I** *p. 155*
- **Laloux** *p. 93*
- **Lawrence** *p. 57*
- **Le Club Chasse et Pêche** *p. 44*
- **Le Petit Tsukiji** *p. 160*

- **Les 400 Coups** *p. 28*
- **Majestique** *p. 58*
- **Mercuri Montréal** *p. 60*
- **Pastaga** *p. 62*
- **Park** *p. 159*
- **Pyrus Bistro** *p. 64*
- **Restaurant Mile-Ex** *p. 69*
- **Toqué!** *p. 72*

Pour la carte des vins

- **Accords** *p. 29*
- **Chez la Mère Michel** *p. 85*
- **Decca 77** *p. 49*
- **Ferreira Café** *p. 142*
- **Graziella** *p. 129*
- **Helena** *p. 143*
- **Jun I** *p. 155*

- **L'Express** *p. 91*
- **Le Club Chasse et Pêche** *p. 44*
- **Le Filet** *p. 51*
- **Les Trois Petits Bouchons** *p. 73*
- **Portus Calle** *p. 145*
- **Toqué!** *p. 72*

Pour apporter son vin

- **Bagatelle Bistro** *p. 77*
- **Carte Blanche** *p. 84*
- **État-Major** *p. 89*
- **La Colombe** *p. 114*
- **La Prunelle** *p. 97*

- **Le Quartier Général** *p. 65*
- **Restaurant Tandem** *p. 100*
- **Wellington** *p. 105*

Pour le rapport qualité/prix

- **Au Cinquième Péché** *p. 43*
- **Beaver Hall** *p. 78*
- **Bistro sur la Rivière** *p. 80*
- **Casa Tapas** *p. 141*
- **Chez Lionel** *p. 42*
- **Chez Victoire** *p. 112*
- **Ikanos** *p. 169*
- **La Famille** *p. 50*
- **Le St-Urbain** *p. 71*
- **Restaurant Gus** *p. 68*
- **Soy** *p. 151*
- **Wellington** *p. 105*

Pour le décor

- **Big in Japan** *p. 153*
- **Birks Café par Europea** *p. 33*
- **Café Grévin par Europea** *p. 40*
- **Europea** *p. 90*
- **Ferreira Café** *p. 142*
- **Helena** *p. 143*
- **Hot Dog Café** *p. 117*
- **Il Pagliaccio** *p. 133*
- **La Coupole** *p. 88*
- **Le Club Chasse et Pêche** *p. 44*
- **Le Filet** *p. 51*
- **Mercuri Montréal** *p. 60*
- **Racines** *p. 66*
- **Toqué!** *p. 72*

Pour la terrasse

- **Boca Iberica** *p. 140*
- **Boris Bistro** *p. 36*
- **Chez Lionel** *p. 42*
- **La Coupole** *p. 88*
- **Le Café Cherrier** *p. 83*
- **Le Contemporain** *p. 47*
- **Le Jardin Nelson** *p. 119*
- **Le Richmond** *p. 137*
- **Le Valois** *p. 102*
- **Leméac Café Bistrot** *p. 94*
- **Renoir** *p. 98*

Pour l'ambiance branchée

- **Au Pied de Cochon** *p. 122*
- **Bar Furco** *p. 32*
- **Birks Café par Europea** *p. 33*
- **Brasserie T!** *p. 38*
- **Decca 77** *p. 49*
- **Graziella** *p. 129*
- **Grinder** *p. 116*
- **Helena** *p. 143*
- **Hôtel Herman** *p. 53*
- **Impasto** *p. 130*
- **Joe Beef** *p. 54*
- **Laurie Raphaël Montréal** *p. 56*
- **L'Auberge Saint-Gabriel** *p. 76*
- **Le Garde-Manger** *p. 52*
- **Le Filet** *p. 51*
- **Majestique** *p. 58*
- **Manitoba** *p. 59*
- **Mercuri Montréal** *p. 60*
- **Portus Calle** *p. 145*
- **Taverne F** *p. 148*

Pour l'atmosphère décontractée

- **Bier Markt** *p. 164*
- **Bistro sur la Rivière** *p. 80*
- **Brasserie Central** *p. 82*
- **Café Sardine / Iwashi** *p. 108*
- **Casa Tapas** *p. 141*
- **Chez ma grosse truie chérie** *p. 111*
- **Hot Dog Café** *p. 117*
- **Kitchen Galerie** *p. 55*
- **La Famille** *p. 50*
- **La Prunelle** *p. 97*
- **Le Chasseur** *p. 110*
- **Le Comptoir Charcuteries et Vins** *p. 45*
- **Les coudes sur la table** *p. 48*
- **Nora Gray** *p. 131*
- **Pintxo** *p. 144*
- **Primi Piatti** *p. 135*
- **Restaurant Tandem** *p. 100*
- **Restaurant Vallier** *p. 123*
- **Tri Express** *p. 162*

Pour un repas en tête-à-tête

- **Barcola Bistro** *p. 128*
- **Brasserie Central** *p. 82*
- **Carte Blanche** *p. 84*
- **Decca 77** *p. 49*
- **Europea** *p. 90*
- **Ikanos** *p. 169*
- **La Chronique** *p. 87*
- **La Coupole** *p. 88*
- **Le Pois Penché** *p. 63*
- **Le Serpent** *p. 70*
- **Portus Calle** *p. 145*
- **Sata Sushi** *p. 161*
- **Toqué!** *p. 72*

Pour un repas d'affaires

- **Ariel** *p. 30*
- **Brasserie Central** *p. 82*
- **Bonaparte** *p. 81*
- **Chez L'Épicier** *p. 41*
- **Ikanos** *p. 169*
- **La Coupole** *p. 88*
- **Laloux** *p. 93*
- **Le Club Chasse et Pêche** *p. 44*
- **Le Montréalais** *p. 61*
- **Le Richmond** *p. 137*
- **Le Serpent** *p. 70*
- **Milos** *p. 172*
- **Renoir** *p. 98*
- **Ridi Bar Ristorante** *p. 138*

Pour les noctambules

- **Alexandre et fils** *p. 75*
- **Bier Markt** *p. 164*
- **Bistro Chez Roger** *p. 79*
- **L'Express** *p. 91*
- **Leméac Café Bistrot** *p. 94*
- **Majestique** *p. 58*
- **Taverne Gaspar** *p. 125*

Les toques

- **Au Pied de Cochon** *p. 122*
- **Beaver Hall** *p. 78*
- **Bouillon Bilk** *p. 37*
- **Europea** *p. 90*
- **Ferreira Café** *p. 142*
- **Graziella** *p. 129*
- **Jun I** *p. 155*
- **La Chronique** *p. 87*
- **Laurie Raphaël Montréal** *p. 56*
- **Le Club Chasse et Pêche** *p. 44*
- **Le Filet** *p. 51*
- **Park** *p. 159*
- **Portus Calle** *p. 145*
- **Toqué!** *p. 72*

- **Bistro Cocagne** *p. 34*
- **Bonaparte** *p. 81*
- **Brasserie T!** *p. 38*
- **Chez L'Épicier** *p. 41*
- **Helena** *p. 143*
- **Holder** *p. 92*
- **Impasto** *p. 130*
- **Jardin Sakura** *p. 154*
- **Laloux** *p. 93*
- **L'Auberge Saint-Gabriel** *p. 76*
- **Lawrence** *p. 57*
- **Le Garde-Manger** *p. 52*
- **Leméac Café Bistrot** *p. 94*
- **Le Mitoyen** *p. 120*
- **Le Petit Tsukiji** *p. 160*
- **Les 400 Coups** *p. 28*
- **Les Trois Petits Bouchons** *p. 73*
- **Le Tire-Bouchon** *p. 101*
- **Maison Boulud** *p. 96*
- **Mercuri Montréal** *p. 60*
- **Milos** *p. 172*

- **Primi Piatti** *p. 135*
- **Primo e Secondo** *p. 136*
- **Pyrus Bistro** *p. 64*
- **Renoir** *p. 98*
- **Restaurant Gandhi** *p. 173*

- **Restaurant Mile-Ex** *p. 69*
- **Ridi Bar Ristorante** *p. 138*
- **Soy** *p. 151*
- **Taverne F** *p. 148*

🍴 à 🍴 ½

- **Accords** *p. 29*
- **Alexandre et fils** *p. 75*
- **Ariel** *p. 30*
- **Au Cinquième Péché** *p. 43*
- **Bagatelle Bistro** *p. 77*
- **Barcola Bistro** *p. 128*
- **Birks Café par Europea** *p. 33*
- **Bistro V** *p. 35*
- **Boca Iberica** *p. 140*
- **Brasserie Central** *p. 82*
- **Café Sardine / Iwashi** *p. 108*
- **Carte Blanche** *p. 84*
- **Chez La Mère Michel** *p. 85*
- **Chez Lionel** *p. 42*

- **Chez Lévêque** *p. 86*
- **Chez ma grosse truie chérie** *p. 111*
- **Decca 77** *p. 49*
- **Hôtel Herman** *p. 53*
- **Ikanos** *p. 169*
- **Il Pagliaccio** *p. 133*
- **Joe Beef** *p. 54*
- **Kaisen Sushi Bar et Restaurant** *p. 156*
- **La Colombe** *p. 114*
- **La Coupole** *p. 88*
- **La Famille** *p. 50*
- **Le Bremner** *p. 39*
- **Le Café Cherrier** *p. 83*
- **Le Chasseur** *p. 110*
- **Le Comptoir Charcuteries et Vins** *p. 45*

- **Le Montréalais** *p. 61*
- **Le Pois Penché** *p. 63*
- **Le Richmond** *p. 137*
- **Le Serpent** *p. 70*
- **Le St-Urbain** *p. 71*
- **Le Valois** *p. 102*
- **Les Cons Servent** *p. 46*
- **Les coudes sur la table** *p. 48*
- **L'Express** *p. 91*
- **Maison Indian Curry** *p. 171*
- **Majestique** *p. 58*
- **Manitoba** *p. 59*
- **Mikado** *p. 158*
- **Moishes** *p. 121*
- **Osteria Venti** *p. 132*
- **Pastaga** *p. 62*
- **Pintxo** *p. 144*
- **Racines** *p. 66*
- **Renard artisan bistro** *p. 67*
- **Restaurant Gus** *p. 68*
- **Restaurant L'un des Sens** *p. 99*
- **Restaurant SU** *p. 174*
- **Restaurant Tandem** *p. 100*
- **Tapas 24** *p. 146*
- **Tapeo** *p. 147*
- **Tri Express** *p. 162*
- **Van Horne** *p. 103*
- **Vertige** *p. 104*
- **Wellington** *p. 105*

140 restaurants

choisis pour vous

Cuisine actuelle................................ 27

Cuisine française.............................. 74

**Cuisine québécoise
et curiosités montréalaises**............106

Cuisine italienne..............................127

**Cuisines portugaise
et espagnole**..139

Cuisine chinoise..............................149

Cuisine japonaise...........................152

**Autres cuisines
internationales**...................................163

Cuisine actuelle

Les 400 Coups ♟♟½

400 rue Notre-Dame Est, Montréal, 514-985-0400, www.les400coups.ca

Guillaume Cantin (chef de cuisine) et Brian Verstraten (chef pâtissier) ont repris le flambeau après l'équipe de Patrice Demers, dont l'esprit demeure encore bien présent dans ces lieux où le décor très urbain et montréalais est pratiquement inchangé. Les nouveaux partenaires suivent les traces déjà bien ancrées des prédécesseurs et offrent une cuisine métissée entre le modernisme des saveurs et un certain retour vers une cuisine plus conventionnelle mais tout aussi goûteuse.

Le boudin blanc et le pâté de foie lardé inspiré d'une recette des Ursulines, composée à l'époque d'un mélange de foie et de gras de porc et d'oie, m'ont vraiment épaté. Les prix sont très justes et bien dosés tant le midi que le soir.

On y va...

pour découvrir une cuisine saine et bien faite par des jeunes chefs remplis de talent.

Côté desserts, le chef pâtissier Brian Verstraten mise sur le chocolat, qui semble vraiment être une de ses passions. La carte des desserts aurait toutefois selon moi mérité un peu plus de choix.

Le nouveau 400 Coups est né et il se porte fort bien!

$ 55 à 65	*Ouvert le soir du mardi au samedi et le midi jeudi et vendredi*	*Excellent choix de vins*

Accords 🍽 ½

212 rue Notre-Dame Ouest, Montréal, 514-282-2020, www.accords.ca

Guy A. Lepage, Chantal Fontaine et Jean-Pierre Des Rosiers sont les trois associés de ce restaurant presque caché dont j'aime la terrasse qui permet une évasion peu commune en pleine rue Notre-Dame. Au fil des années on a bonifié l'offre des menus tout en conservant une magnifique cave qui offre notamment un très beau choix de vins nature.

Les cartes du midi et du soir continuent à valoriser les producteurs locaux : tartare de canard, macreuse de bœuf de la Ferme Nordest, ou encore du maquereau fumé maison nous sont entre autres proposés. Le chef Marc-André Lavergne pousse même la chansonnette jusqu'à faire son pain. Travail inutile pour ma part, étant donné la quantité de bons boulangers disponibles à Montréal.

Depuis ma dernière visite, la cuisine est devenue plus stable et semble avoir trouvé un style et une volonté de s'y tenir. Néanmoins, il s'agit davantage d'un superbe bar à vins que d'un restaurant gastronomique.

On y va ... avant tout pour les vins, et peut-être pour tenter de voir Guy A. Lepage et Chantal Fontaine, bien que désormais la cuisine mérite que l'on s'y attarde.

Le cadre est agréable et *cosy*, le service courtois et professionnel. Le choix des vins est à la hauteur des attentes, et l'on découvre de véritables petits trésors cachés que Guy A. Lepage a lui-même goûtés.

$ 55 à 65	Ouvert le midi du lundi au vendredi et le soir du mardi au samedi	Carte très accessible le midi à 25$ (accords de vins en surplus) Terrasse

Ariel 🍴 ½

2072 rue Drummond, Montréal, 514-282-9790, www.arielrestaurant.com

Depuis plusieurs années, ce restaurant au décor attrayant qui se qualifie lui-même de bistro gourmand et de bar à vins a connu des hauts et des bas.

À ma dernière visite en 2014, il semblait avoir acquis une certaine stabilité, surtout au niveau de la cuisine. La chaleur des plats est un sujet réglé, et les mélanges incongrus laissent place à une sagesse qui allie modernité et cuisine classique. Pour les amateurs de *schnitzels* (veau cordon bleu à la Suisse) le plat est une réussite, tout comme l'agneau au cari servi avec un riz arborio parfait.

On y va ...

en espérant toujours pouvoir retrouver le temps passé.

La carte annonce plus de 700 vins disponibles, et on tente de maximiser les vins au verre parmi lesquels on retrouve de belles importations.

Le bar demeure très agréable pour savourer un superbe scotch, ou encore pour prendre un verre de vin avec une tarte aux tomates confites.

Après la tempête, on trouve un vent de renouveau dans ce restaurant qui mérite une place parmi les bonnes tables de Montréal.

$ 50 à 60	*Ouvert le midi du mercredi au vendredi et le soir du mardi au samedi*	*Terrasse qui attire le soleil*

L'Arrivage

350 place Royale, Montréal, 514-872-9128, www.pacmusee.qc.ca

«*Mille sabords de mille sabords*», comme dirait le Capitaine Haddock, il est presque dommage que ce petit bistro au nom bien sympathique ne soit ouvert que le midi. Au deuxième étage du musée Pointe-à-Callière, on y retrouve Pierre Lavallée, un chef fidèle au poste et à sa cuisine. Ne soyez pas surpris, on ne parle pas ici de grand restaurant au service guindé qui vous rend coupable de ne pas avoir appris par cœur le *Larousse gastronomique*. Un grand nombre d'habitués ont d'ailleurs fait de ces lieux leur cantine de luxe, sans vraiment grand luxe cependant.

J'aime l'endroit pour sa constance établie et le fait que l'été on puisse ouvrir les grandes fenêtres qui donnent sur le port. J'aime aussi le fait que la cuisine change, mais sans occasionner les surprises de goût et de prix qui laissent parfois ailleurs un goût amer et une poche à moitié vide. Le brunch du week-end est bon et abordable; essayez notamment le rösti au gouda fumé.

On y va...
parce que c'est pratique, simple et bon, et très abordable!

Pâtes du jour, poisson frais ou plat mijoté, peu importe, avec une belle simplicité et sans prétention, l'endroit est agréable aussi bien pour la vue sur le port que pour l'ambiance qui y règne. Petite carte des vins, simple mais suffisante pour un midi sans surprises. Bières locales disponibles, bonne qualité de pain et bon café en finale.

$ 30 à 35	Ouvert le midi tous les jours (brunch dès 11h30 la fin de semaine), ainsi que pour certains événements thématiques comme la fête des Mères	Table d'hôte de 18$ à 20$

Bar Furco

425 rue Mayor, Montréal, 514-764-3588, www.barfurco.com

Ça nous change de Chez Simone et de sa petite buvette étroite. Ici chez Furco, on ne manque pas de place. La salle à manger signée par Zébulon Perron se veut urbaine et branchée, avec sa grande façade vitrée, son long bar et son décor résolument moderne et éclectique. Dans le Quartier des spectacles, c'est comme un vent de fraîcheur qui s'amène.

Aux fourneaux, Joëlle Trottier, l'ex-chef de La Buvette Chez Simone, rayonne en feu. Elle sait exactement quoi servir et proposer à cette clientèle urbaine qui aime la musique forte : le magret de canard, la morue au boudin, le tataki de bœuf, le gravlax de truite... j'en passe et des meilleurs. Dommage toutefois que la maison mise plus sur la quantité dans les assiettes que sur l'originalité et la présentation.

On y va...
pour voir la belle cuisine à aire ouverte et pour l'ambiance.

Autre bémol : le service est toujours confus, et il lui arrive même de se tromper de table ou de plat avec des mots qui font rire du genre « *C'est pas grave, je reviens avec votre plat* ».

$ 30 à 45 | *Ouvert tous les soirs jusqu'à 3h, cuisine jusqu'à minuit* | *Très bon choix de vins*

Birks Café par Europea 🍴

1240 rue du Square-Phillips, Montréal, 514-397-2468, www.birks.com

Dans la célèbre et historique bijouterie de Montréal, le groupe Ferrer et leur associé bien connu, Francis Reddy, ont réuni leurs talents pour ouvrir un café chic où les BCBG de Montréal aiment se retrouver pour un café ou un repas léger. C'est aussi l'endroit pour les réceptions du soir, alors que la grande bijouterie se libère pour laisser toute la place à la cuisine et au charisme indéniable de Jérôme Ferrer.

Cet endroit charmant qui dénote une grande classe propose une cuisine actuelle, parfois trop sophistiquée, mais toujours d'une fraîcheur exemplaire. Faute de place et de cuisine pratique, on doit s'accommoder de plats reconstitués et cuisinés dans les belles cuisines du restaurant Europea.

On y va ...

pour être vu parmi des gens chics, mais aussi pour le thé à l'anglaise qui reste un des meilleurs de Montréal.

On peut aussi y déguster les glaces ou sorbets et gâteaux de Jean-Marc Guillot, le MOF (Meilleur Ouvrier de France) des lieux, ou encore y prendre le traditionnel *afternoon tea* à l'anglaise avec des scones qui sont fabriqués dans Notre-Dame-de-Grâce juste pour Jérôme Ferrer, puis cuits sur place. Cet endroit mythique de Montréal renoue donc ainsi avec les traditions du défunt grand magasin Eaton, où prendre le thé en après-midi était de bon aloi et de bon goût. Sauf que cette fois, on ne voit plus les beaux chapeaux des dames du Ritz ou de chez Eaton, mais un mélange de gens branchés comme on en retrouve partout sur la planète.

Le Café Birks demeure un très beau et chic café, notamment pour le brunch du dimanche.

$ 45 à 55 | *Ouvert le matin et le midi tous les jours, et le soir les jeudi et vendredi*

Bistro Cocagne 👕👕

3842 rue Saint-Denis, Montréal, 514-286-0700, www.bistrococagne.com

Alexandre Loiseau est décidément un grand chef. Un chef qui mise avant tout sur la qualité des produits et la valorisation des petits producteurs locaux en nous offrant une cuisine inventive et créative, mais surtout de bon goût. Un chef qui affectionne aussi les producteurs biologiques comme son ami Léon de Martinique, chez qui il va se ressourcer presque tous les ans. Quel dommage toutefois que ce chef des plus talentueux soit aussi réservé et discret.

On retrouve un mélange de modernisme et d'un certain classicisme dans la salle toute en longueur qui peut recevoir 70 personnes et le salon qui peut accueillir une vingtaine de convives. Loiseau sait délibérément s'épauler de personnel compétent, et cela se retrouve particulièrement au niveau du service et dans la connaissance des vins que l'on propose chez Cocagne.

On y va ...

pour l'originalité de la cuisine du chef Loiseau, mais aussi pour sa constance.

Après 10 années de travail et de constance, Loiseau propose des plats nostalgie en souvenir du bon vieux temps, ou encore, à la carte, une merveilleuse et savoureuse épaule de porcelet braisée et au dessert son unique pouding chômeur à l'érable et glace vanille. À découvrir aussi, ses brunchs de la fête des Mères ou de Pâques, ou encore ses soirées à thème où le chef sait fort bien captiver nos sens.

$ 40 à 55 | *Ouvert le soir du mercredi au lundi*

Bistro V 🍴

2208 route Marie-Victorin, local 102, Varennes, 450-985-1421,
www.bistrov.com

Tout comme sur la Rive-Nord de Montréal, il est vrai que les bonnes tables ou les bistros intéressants ne courent pas les rues sur la Rive-Sud. Alors quand on en tient un, on ne le lâche pas. C'est peut-être ainsi qu'ont réagi les gens de Varennes à la suite de l'implantation de ce bistro dans leur ville.

L'année dernière, j'avais eu une grande déception avec un chef étoilé lors d'une visite au Bistro V. Un an plus tard, déception passée, je redonne une chance car on a corrigé certaines erreurs. Tir corrigé, mais attention… je surveille.

Vu de l'extérieur, rien n'indique vraiment la différence entre le Bistro V et ce qu'on retrouve de façon habituelle sur la route Marie-Victorin. À l'intérieur, c'est tout autre chose. Un local moderne, bien arrangé et qui laisse deviner une influence asiatique dans sa décoration : du rouge derrière le bar, des pierres dans le petit salon privé et des tables bien dressées dans l'attente des convives. Le patron est au service, tandis que le jeune chef associé veille au grain en cuisine.

On y va…
pour les remercier d'avoir osé amener un bon bistro sur la Rive-Sud !

Une cuisine à l'image de bien des endroits et qui souhaite plaire à tout le monde. Quelques plats, comme l'épaule de bœuf en cuisson lente (54 degrés) avec un sel frotté au whisky, et la crème brûlée à l'érable et son petit chou, sont de vraies réussites, et demeurent des incontournables. On propose aussi ici les « Mardi cru », avec des choix de tartares.

Terrasse qui donne sur la bruyante route Marie-Victorin, mais qui permet malgré tout de prendre un verre de rosé par beaux jours.

$ 45 à 55	*Ouvert le midi du mardi au vendredi et le soir du mardi au dimanche*	*Belle carte de vins proposés à la bouteille ainsi qu'au verre, terrasse*

Boris Bistro

465 rue McGill, Montréal, 514-848-9575, www.borisbistro.com

On parle ici d'un bistro du Montréal urbain qui a su au fil du temps s'adapter aux modes et tendances. L'endroit est charmant et joliment décoré. En plus des touristes qui s'y attablent, on y retrouve une clientèle d'affaires et de fidèles surtout le midi. Dès les beaux jours, sa terrasse est prise d'assaut. En plein centre-ville, il faut avouer que l'endroit est des plus agréables pour prendre une *'tite* bière ou une *'tite* coupe de rosé.

La cuisine que l'on sert tant à l'intérieur qu'à l'extérieur est un amalgame de plats qui ont au fil du temps fait leurs preuves. Un mélange qui oscille de l'Italie à la France pour revenir discrètement au Québec. Par exemple, le risotto qui se mélange avec la rillette de canard, ou encore la blanquette de veau qui taquine la poutine Boris. Peu importe, le mélange éclectique donne de bons résultats, et le consommateur en a pour son argent. Seule évolution souhaitée, les desserts qui, eux, ont pris comme un air de vieux malgré la fraîcheur de l'air conditionné. C'est bruyant, mais tout le monde semble aimer cela : les habitués se saluent comme s'ils retrouvaient de bonnes vieilles connaissances. Bonnes bières locales et carte des vins suffisante.

On y va ...
surtout pour la jolie terrasse.

$ 35 à 45	*Ouvert tous les jours midi et soir durant la saison estivale, fermé les samedi et dimanche en hiver*	*Terrasse*

Bouillon Bilk ✦✦✦

1595 boulevard Saint-Laurent, Montréal,
514-845-1595, www.bouillonbilk.com

Le Bouillon Bilk attire une foule d'amateurs de bonne bouffe sans artifices inutiles avec sa cuisine qui sait nourrir aussi bien l'âme que le ventre. Depuis son ouverture, l'endroit est toujours plein et toujours aussi bon. Avec elle en salle et lui en cuisine, François Nadon et Mélanie Blanchette forment le parfait petit couple de restaurateurs fabriqués sur mesure pour ce genre d'établissement.

Le décor de blanc vêtu, assez minimaliste, se teinte de couleurs avec ses plaques d'acier brut et ses tables de bois recyclé, mais surtout par le caractère cosmopolite de sa clientèle. Les cartes du midi et du soir proposent un choix de cinq ou six entrées et autant de plats principaux qui évoluent selon la saison et les arrivages. Difficile parfois de choisir, car la carte toujours attirante implique des questions au serveur. Les raviolis de homard, pois verts et mousserons sont d'une finesse remarquable, et il est bien rare et difficile de pouvoir trouver du lapin aussi bien cuisiné qu'ici.

On y va ...
premièrement et avant tout pour la finesse de la table.

Les autres plats et desserts sont à l'image du reste, de bon goût. On se régale avec le canard en deux services, puis c'est la tarte au chocolat avec clémentines, canneberges, fenouil et pistaches qui mérite une incursion dans le monde des desserts de Bouillon Bilk.

Un restaurant qui fait plaisir malgré parfois l'effet de proximité des tables qui vous permettent, sans y être invité, de participer à la conversation des voisins. Le service est convivial, mais toujours professionnel.

 $ 50 à 65 | *Ouvert le midi du lundi au vendredi et le soir du lundi au samedi* | *Jolie carte des vins dont une grande partie sont d'importation privée*

Brasserie T! 🍴🍴

1425 rue Jeanne-Mance, Montréal, 514-282-0808, www.brasserie-t.com

On ne présente plus Normand Laprise, le gourou des chefs québécois déjà bien présent à la tête du Toqué!. Tout en supervisant, il a confié à son équipe les commandes du «piano» de son bistro, qui affiche la même architecture que son voisin, la Taverne F : un long rectangle moderne, vitré de toute part, qui laisse apercevoir la beauté des lieux avoisinant la place des Festivals.

Les menus changent au fil des saisons et en fonction des produits du marché. La Brasserie T! cherche toujours à mettre en valeur les produits du Québec. On y retrouve de bonnes charcuteries bien faites, et la poêlée de champignons avec œuf mollet est pour ma part un pur délice, tout comme la salade de haricots cocos et légumes.

On y va...
pour la fraîcheur de la cuisine et pour l'ambiance du Quartier des spectacles!

Dans une belle et fine verrerie, on apprécie des vins au verre d'importation privée. On peut également s'installer au bar pour savourer un cocktail ou une flûte de champagne.

Ce bistro met de beaux efforts sur les desserts qui sortent des sentiers battus et de l'habituelle crème brûlée que l'on retrouve partout. D'ailleurs, en après-midi, on peut tout simplement consommer un dessert avec un café ou un verre de vin.

$ 45 à 55 | *Ouvert tous les jours midi et soir* | *Terrasse*

Le Bremner

361 rue Saint-Paul Est, Montréal, 514-544-0446,
http://crownsalts.com/lebremner

Presque une copie de son frérot le Garde-Manger, Le Bremner se cache dans une salle en demi sous-sol de la rue Saint-Paul au décor chic et assez traditionnel, voire rustique, avec ses murs de pierres, ses boiseries et ses barils de fines herbes. Les tables sont dressées dans leur plus simple expression, sans artifices vraiment, mais avec des verres fins pour accueillir des vins tout aussi fins. Ce qui prime avant tout chez Bremmer, c'est ce que l'on retrouve dans l'assiette.

La cuisine ressemble à l'image qu'ont su créer Chuck Hughes et son équipe : on vise le rétro BCBG avec de grandes assiettes de fruits de mer et les fameuses crêpes dessert au beurre Pimm's du chef, mais on sert aussi, et c'est tant mieux, de bons plats où les légumes sont enfin valorisés.

On y va ...
pour le sandwich hot lobster servi avec un œuf cuit durant une heure à 63 degrés.

Chuck a confié à son collègue et ami Danny Smiles le rôle de chef de cuisine, car la vedette n'est pas toujours présente pour assurer la constance.

Dès les beaux jours, la terrasse augmente le potentiel des places disponibles. Bon choix de vins et de bières, et un savoureux martini est aussi proposé.

$ 25 à 35	Ouvert le soir du lundi au samedi	Terrasse

Café Grévin par Europea

Centre Eaton, 705 rue Sainte-Catherine Ouest, 5e étage, Montréal,
514-788-5213, http://cafegrevinpareuropea.ca

De Céline à Ginette, du *Rocket* à Roch Voisine, le musée Grévin présente ses personnages de cire et offre au public ce petit café, salon de thé et sandwicherie qui fait partie de l'empire du groupe Europea que dirigent Jérôme Ferrer et ses associés.

Ce lieu magique du cinquième étage du célèbre Centre Eaton accueille donc dans un style très européen le Café Grévin par Europea. Comme son petit frère le Birks Café, le Café Grévin propose un resto-boutique pour prendre un repas léger ou consommer de très bons sandwichs emballés comme des cadeaux.

On y va ...

pour visiter le musée et pour casser une petite croûte.

On y propose aussi des boîtes à lunch pour emporter et des pâtisseries de grande qualité préparées par le MOF (Meilleur Ouvrier de France) Jean-Marc Guillot.

À ne pas manquer, le petit déjeuner à la française que l'on sert tôt le matin dès l'ouverture du musée. L'endroit est agréable et permet de prendre une pause rafraîchissante en plein centre-ville.

$ 30 à 35 | *Ouvert le matin et le midi tous les jours*

Chez L'Épicier 🎽🎽

311 rue Saint-Paul Est, Montréal, 514-878-2232, www.chezlepicier.com

Laurent Godbout fait partie de ces chefs qui officient dans plusieurs établissements à la fois. Surtout depuis que, comme Martin Picard du Pied de Cochon, il s'adonne à l'art du sucre dans sa cabane, et que son bistro de Granby marche fort bien, merci. L'Épicier fait partie des premiers restaurants du chef et offre en plus un petit coin épicerie.

Ici, les murs de pierres nous racontent l'histoire du Vieux-Montréal, et le décor allie en toute simplicité la pierre et le bois pour donner au restaurant un ton froid presque classique. Les tables sont bien nappées, la verrerie et la vaisselle sont de qualité, et de grands tableaux noirs s'étalent sur les murs pour nous annoncer les plats du jour et les vins à découvrir. Il est possible de consommer au bar ou dans l'un des petits salons qui peuvent accueillir jusqu'à 40 personnes.

On y va ...

pour prendre un verre au bar ou encore pour un lunch sympathique.

On retrouve ici une cuisine empreinte des produits du Québec qui met de l'avant les petits producteurs locaux. Cela dit, Laurent Godbout découvre lors de ses nombreux voyages des saveurs qu'il mélange parfois avec audace, procurant une certaine complexité aux plats servis.

Godbout est souvent absent de son restaurant de la rue Saint-Paul, mais il a su inculquer à ses chefs et seconds une rigueur digne du Bocuse d'Or pour lequel il représentera le Canada en 2015, et l'endroit demeure une valeur sûre dans le Vieux-Montréal. Demandez les fromages du Québec et un choix de bons pains en arrivant, et régalez-vous des pétoncles géants, du cerf de Boileau, des champignons frais, ou encore du magnifique flétan en croûte de pain noir. Les tables d'hôte diffèrent du midi au soir, et une très belle carte de vins vendus au verre ou à la bouteille est proposée.

$ 50 à 60	*Ouvert tous les soirs et le midi du lundi ou vendredi*	*Service de traiteur et salons privés*

Chez Lionel 🍺½

1052 rue Lionel-Daunais, Boucherville, 450- 906-3886, www.chezlionel.ca

On l'attendait, ce nouveau Perreault. Il est là désormais, bien installé à Boucherville dans ce qu'était autrefois le restaurant La Saulaie. Ce nouveau quartier branché de Boucherville qui affiche un visage résolument urbain est l'endroit parfait pour recevoir l'artiste culinaire Ian Perreault.

Le décor de son bistro est agréable et moderne avec son grand cellier et son joli bar qui permet autant de consommer son repas sur place que de siroter une des nombreuses bières de micro-brasseries offertes. Cuivre, banquettes, bois et autres matériaux nobles ajoutent à l'atmosphère.

On y va...
pour la cuisine
inventive de Ian
Perreault.

Un an après son ouverture, Chez Lionel offre probablement le meilleur repas du midi dans tout le Québec : on peut y manger fort bien et frais pour 17,17$. Oui, j'ai bien dit 17,17$.

Le soir, on fait souvent le plein et il est bon de réserver. La carte offre de nombreuses spécialités qui changent avec les arrivages au long de la saison. Maintenant on offre aussi le brunch la fin de semaine.

Mais on vient surtout ici pour savourer une cuisine inventive qui change au fil des saisons. Oui, le chef Perrault est bien un magicien qui offre autant des burgers revisités que de la grande cuisine épicurienne. Avec en prime un service d'une gentillesse exemplaire. Voilà donc le nouveau Perreault 2015 qui poursuit la revitalisation de la Rive-Sud en matière de restauration.

$ 40 à 50	*Ouvert midi et soir tous les jours*	*Brunch la fin de semaine, menu du midi à bon prix* *Terrasse*

Au Cinquième Péché 🍴 ½

4475 rue Saint-Denis, Montréal, 514-286-0123,
www.aucinquiemepeche.com

Un menu qui s'affiche sur une grande ardoise posée sur la pierre, un décor de bistro français et hop!, on découvre une cuisine nomade qui valorise les produits locaux comme le loup marin, le maquereau et le homard des Îles. L'été, on profite de la terrasse pour apprécier les légumes locaux ramassés par le chef au marché Jean-Talon ou issus de petits producteurs qui viennent livrer directement leur petite production.

La cuisine du chef Benoît Lenglet, qui demeure à Montréal le spécialiste du loup marin qu'il apprête de différentes façons, met aussi en évidence des morceaux comme l'onglet de bœuf et la queue de lotte rôtie sur os. Son gâteau Suzy est unique, il s'agit d'un mélange de mousses à la poire et à la chicorée. C'est bon et particulièrement original.

On y va ...
pour découvrir le loup marin, mais aussi pour la langue d'agneau grillée, elle qui n'a jamais menti.

Voilà donc un charmant bistro sans prétention qui ne se prend pas pour un GRAND restaurant mais qui sait nous faire pécher par gourmandise. Belle carte de vins à prix accessibles et service courtois et professionnel.

$ 40 à 45	*Ouvert midi et soir du mardi au samedi*	*Terrasse*

Le Club Chasse et Pêche 🪑🪑🪑

423 rue Saint-Claude, Montréal, 514-861-1112,
www.leclubchasseetpeche.com

Claude Pelletier est sans aucun doute un grand chef, et il nous le prouve de façon constante avec son restaurant Le Club Chasse et Pêche. Dans un décor *cosy* mais un peu sombre où le gibier et les poissons apparaissent un peu partout, on déguste une cuisine intime qui permet l'évasion gourmande pour une expérience gustative sans pareille.

La cuisine de M. Pelletier varie au fil des saisons et surtout des produits. On peut apprécier le cerf de Boileau, les champignons frais et le risotto au foie gras, et des plats de poissons,

On y va...
pour la constance de la cuisine et pour un souper d'amoureux.

crustacés et mollusques, sont aussi bien présents au menu. À noter, les efforts constants dans la recherche de vins spéciaux et de petits producteurs que le chef aime nous faire découvrir, de même que la qualité du pain et du café qui complètent merveilleusement le repas. La musique est bien dosée et le service est professionnel et attentionné. Seul bémol, les desserts pourraient être plus étoffés sur la carte.

Le succès ne monte pas à la tête des propriétaires, qui viennent d'ouvrir Le Serpent. Ils gardent la barre haute et affichent un grand professionnalisme dans la plus grande discrétion qui soit. Un exemple de modestie si on compare avec certaines grosses pointures.

$ 65 à 75	*Ouvert le soir du mardi au samedi et le midi en été*	*Très belle cave et grands crus, terrasse*

Le Comptoir Charcuteries et Vins 🍖½

4807 boulevard Saint-Laurent, Montréal, 514-844-8467,
www.comptoircharcuteriesetvins.ca

C'est le culte du cochon enfin retrouvé à Montréal. Pour tous ceux qui vouent un intérêt sans remords à la charcuterie de qualité, voilà la place où aller. Honnêtement, je suis heureux dans ce comptoir-bar à vins au décor moderne et agréable, mais qui offre aussi sa touche de rusticité avec ses tables de bois.

L'endroit s'est bonifié depuis son ouverture en 2011 et le choix du menu a été largement étoffé. Même si la carte varie avec les saisons et les arrivages, il vous faut goûter à la noix de ris de veau laqué servie avec la roquette à la crème, ou encore au calmar braisé et son beurre fumé.

On y va ...
pour se gaver de charcuteries sans mauvaise conscience, et découvrir de véritables trésors de vins.

J'aime cette place où le service est à l'image des lieux, sympathique et sans prétention. On propose un excellent choix de vins d'importation privée et on évite aussi des prix abusifs et cachés dont certains restaurateurs usent abondamment avec l'importation privée. Ici, on demeure sage et respectueux de la clientèle.

$ 35 à 45

Ouvert le midi du mardi au vendredi et tous les soirs

Brunch servi le dimanche de 10h30 à 14h

Les Cons Servent 🍺 ½

5064 avenue Papineau, Montréal, 514-523-8999, www.lesconsservent.com

Sur l'avenue Papineau, ce restaurant à thème au décor résolument urbain branché, avec son grand bar installé devant une bibliothèque murale emplie de pots Mason, de conserves et d'un grand choix d'ouvrages culinaires, captive une clientèle d'habitués qui aiment une cuisine quelque peu insolite.

On a radicalement changé le style culinaire du début et on propose même à la clientèle des menus qui changent chaque jour de la semaine. Une superbe initiative qui offre aussi à petit prix des découvertes de vins nature. Reste que la carte est devenue beaucoup plus attractive avec entre autres de l'aile de raie et des cailles en crapaudine servies avec un bon gratin dauphinois.

On y va...

pour le look *et la belle simplicité des lieux.*

Soyez rassuré toutefois, on a conservé les œufs dans le vinaigre, les betteraves marinées et autres classiques des années 1950. Sans oublier les beignets de poire au caramel salé au dessert.

Il est possible d'emporter les plats, et la maison dispose d'une cave à vins unique à prix très compétitifs.

$ 40 à 50 | *Ouvert le soir du lundi au samedi*

Le Contemporain

Musée d'art contemporain, 185 rue Sainte-Catherine Ouest, Montréal,
514-847-6900, www.macm.org

Au risque de me répéter, on pourrait mieux faire au niveau du décor ici, même s'il s'agit d'art contemporain. L'endroit manque d'âme, surtout si vous vous retrouvez dans une salle quasi vide où trois ou quatre tablées attendent juste l'ouverture de la Place des Arts pour vider les lieux...

Cependant il me faut l'avouer, la cuisine du chef Antonin Mousseau-Rivard s'est drôlement bonifiée, et cette fois on parle d'un vrai bistro avec huîtres, bavettes et tartares, mais aussi des plats du jour un peu plus recherchés et pointus. On offre égale-ment des salles pour des groupes, et on propose, à des prix justes, des vins au verre ou en bouteille, dont quelques trouvailles uniques.

On y va...

pour prendre le pouls de la Place des Arts et pour se faire voir avant le spectacle.

L'été, la clientèle profite d'une terrasse bien en vue (mais un peu bruyante) pour assister aux festivals, laquelle se vide en deux temps, trois mouvements pour les spectacles à la Place des Arts. Le restaurant se rapproche ainsi de ses voisins cousins que sont la Brasserie T! et la Taverne F. Attention toutefois si vous mangez à l'intérieur : on ferme tôt les portes le soir et il faut demander le gardien du musée pour pouvoir ressortir.

Par ailleurs, rassurez-vous, on a réglé une partie des problèmes qui affectaient autrefois le service et désormais on retient les commentaires des clients.

$ 40 à 50	*Ouvert le midi du mardi au vendredi et le soir du jeudi au samedi*	*Terrasse qui donne sur la Place des Arts*

Les coudes sur la table 🍺 ½

Coup de cœur

2275 rue Sainte-Catherine Est, Montréal,
514-521-0036, www.lescoudessurlatable.ca

Il est charmant, ce petit resto de quartier découvert au hasard d'une balade sur «La Catherine» au coin de la rue Fullum. Rien de décadent pour la déco plutôt modeste et sobre, ce qui fait du bien de temps à autre pour changer des copies collées des restaurants modernes et uniformes de Griffintown. De hauts plafonds, des tables de bois, des tables simplement dressées... ce qui n'empêche pas une belle intimité le soir lorsque les lumières sont tamisées.

Le style culinaire que l'on donne à la place est inspiré d'une cuisine française modernisée et adaptée aux produits locaux du Québec. Nul doute que le talent est présent dans la justesse des cuissons pour les pétoncles par exemple, ou encore la joue de porc confite servie en plat d'entrée avec chou rouge braisé aux épices, gel de pomme et jus de viande. Wow! Un bel exemple d'équilibre qui met la table et qui, comme le reste du menu, démontre un bon savoir culinaire.

> *On y va...*
>
> *pour le Coteaux-du-Languedoc La Clape, L'Épervier Rosé 2012, mais avant tout pour la cuisine précise et abordable du chef Cédric Deslandes.*

Quatre desserts sont proposés et, avec satisfaction, on offre à la clientèle des fromages d'ici, du bon pain et une confiture maison.

Le service est professionnel, mais parfois un peu trop attentif. Belle carte des vins proposés au prix du marché.

$ 35 à 45

Ouvert le midi du mardi au vendredi et le soir du jeudi au samedi

Decca 77 🍺½

1077 rue Drummond, Montréal, 514-934-1077, www.decca77.com

Dans un décor résolument urbain, très branché, le chef Jean-Sébastien Giguère apporte un vent de renouveau à cet établissement en recherche de stabilité. Le chef et sa brigade proposent deux formules, une dite gastronomique et une autre qu'ils qualifient de type brasserie.

Depuis ma dernière visite, le restaurant a trouvé un certain rythme de croisière avec des plats gagnants comme ce filet de veau de lait au poivre long, juteux et goûteux à la fois. Du côté de la brasserie, la cuisine ose en servant de la langue de bison avec des endives croustillantes.

Franchement un bel effort de la part du chef, et surtout une constance depuis un an qui faisait autrefois défaut à cet endroit.

Un grand bar, prisé certains soirs de hockey tout comme le restaurant d'ailleurs, propose cocktails et vins d'importation privée. Le tout dans une ambiance survoltée où toute une clientèle bon chic bon genre aime se faire voir. Service courtois et professionnel.

On y va ...

pour être vu, mais de grâce, évitez les soirs de hockey surtout si le Canadien gagne.

$ 50 à 65

Ouvert midi et soir du lundi au samedi

La Famille 🍺

418 rue Gilford, Montréal, 514-508-8700

C'est le resto bébé nain des Cons Servent et c'est tout petit comme un mouchoir de poche. Deux comptoirs devant la cuisine à aire ouverte, quelques tabourets, on est loin ici des restos de 200 places.

C'est ouvert du matin à l'après-midi (en tôt en soirée du mercredi au vendredi), et on y découvre une cuisine simple mais bien agréable qui rappelle celle d'une bonne maman aux fourneaux remplacée ici par un chef.

Le menu de La Famille propose du cochon avec plusieurs recettes allant de la tartine au boudin au *pulled pork* (porc effiloché) très à la mode à Montréal, ainsi que de bons légumes comme ces asperges croquantes bien assaisonnées et joliment présentées. Au brunch, tantôt salé, tantôt sucré, on déguste de magnifiques brioches et des financiers exceptionnels. Une vraie cuisine de chef, servie copieusement à prix hors du commun.

On y va...

pour les vins nature, pour la cuisine qui varie au fil des arrivages et des saisons, et pour le brunch à petite échelle.

Un petit restaurant de quartier que l'on voudrait garder pour soi et qu'il me fait plaisir de partager.

$ 25 à 35	Ouvert le matin et le midi du mardi au dimanche et tôt en soirée du mercredi au vendredi (jusqu'à 20h)	Terrasse Brunch

Le Filet ♟♟♟

219 avenue du Mont-Royal Ouest, Montréal, 514-360-6060, www.lefilet.ca

Voilà un restaurant très urbain, très éclectique et branché. Le décor de métal peut sembler froid au premier abord, mais s'articule sous un éclairage bien dosé dès la venue des premiers convives. Un grand bar permet de s'attabler aussi bien pour consommer un repas que pour y prendre un verre de vin. Dans ces lieux magiques, on savoure une cuisine inspirée et de qualité que l'on peut jumeler avec des vins d'importation parfois unique.

Les associés sont tous des gens aguerris à la restauration et ils le prouvent autant au niveau des vins que de la qualité de la table, vraiment constante depuis l'ouverture. Un merveilleux exemple à suivre, car au Filet vous n'êtes jamais un poisson pris au piège.

Un établissement qui affiche une telle constance depuis le début ne peut être que bon! Toute la carte qui varie au fil des saisons et des produits nous offre surprises et découvertes, et l'esprit nippon est toujours bien présent. Cela explique aussi en partie pourquoi au Filet on offre la même rigueur qu'au début. Rillettes de maquereau et risotto au crabe et au jus de crustacés sont à eux seuls une merveille de goût et de plaisirs. Mon coup de cœur va cependant au loup de mer avec chou-fleur, moules et safran.

On y va...

pour la qualité de la cuisine et pour côtoyer les branchés du quartier.

Le service tout aussi professionnel sait nous faire saliver tant les explications fournies sont bonnes. Très belle carte des vins, un peu chers néanmoins, et surtout du bon pain, du bon café, et un strudel à la banane servi avec une glace noisette qui ne laisse personne insensible à la finesse d'un bon dessert.

$ 60 à 75	*Ouvert tous les soirs* *Très belle cave*

Le Garde-Manger 👕👕

408 rue Saint-François-Xavier, Montréal, 514-678-5044,
www.crownsalts.com/gardemanger

Bardé de tatouages culinaires, le chef exécutif et vedette du petit écran Chuck Hughes sait charmer ses convives dans son restaurant où tout est permis ou presque. Tant le décor que les plats sont aussi extravagants que le maître à penser des lieux. Rien cependant n'est laissé au hasard, et Chuck sait également doser ses ambitions culinaires.

Il bénéficie d'une foule d'admiratrices et un peu aussi d'admirateurs jaloux qui parfois sont déçus de l'absence de leur chouchou. Peu importe, les ordres sont bien donnés et surtout bien communiqués aux fidèles soldats. Spécialisé dans les produits de la mer, Le Garde-Manger offre avec le Pied de Cochon ce qui se fait de mieux en la matière.

On y va ...

pour être vu et être branché, et pour naviguer sur son téléphone intelligent tout en s'amusant.

Les menus affichés sur de grands tableaux noirs sont changeants et permettent aux habitués, car il en existe, de savourer cette cuisine éclectique en saveurs. La poutine au homard a certes ses adeptes, mais varie en constance et en qualité. Oursins, crabes et autres délices de la mer sont offerts en saison.

Tout semble prendre une proportion *extra large* ici, sauf les lieux qui demeurent à l'image du Vieux-Montréal, soit étroits. Belle carte des vins et un service qui varie selon les soirs et les humeurs. Hélas, et c'est bien trop dommage, la musique est parfois bruyante. Il semble toutefois que la majorité des clients aiment ça et en redemandent.

$ 50 à 65	Ouvert le soir du mardi au dimanche	Excellent choix de bières locales

Hôtel Herman

5171 boulevard Saint-Laurent, Montréal, 514-278-7000,
www.hotelherman.com

Non, vous ne venez pas ici dans un hôtel! L'Hôtel Herman est bel et bien un restaurant, très audacieux même, branché et moderne, presque froid en entrant, mais qui se réchauffe très vite dès l'arrivée des premiers convives. Bois, briques et plafond gaufré composent le décor, et les tables sont bien mises pour accueillir un menu d'une vingtaine de plats qui changent au rythme des arrivages.

L'équipe est jeune et dynamique, tant au niveau du service que de la cuisine. Elle ose ce que certains trouvent irrationnel, comme le fait de servir du tartare de cheval, par exemple. C'est d'ailleurs selon moi le meilleur tartare qui soit en ville. Canard, fruits de mer et poissons sont aussi joliment présentés.

On y va ...

pour le tartare de cheval et le reste, mais aussi pour le magnifique choix de vins proposés.

L'Hôtel Herman a cette délicatesse de nous surprendre avec des topinambours et du vrai et fameux boudin maison, mais aussi avec des produits saisonniers comme ces couteaux de mer que j'ai tant appréciés. Je m'attarde aussi sur la carte des vins, bien faite avec des choix comme le vin d'Alsace Katz'en Bulles, une pure merveille, ou le jurançon La Virada, tout aussi beau.

Même si les fraises servies sont bonnes, il y a trop peu de choix au niveau des desserts. Oui, il demeure encore de petits ajustements à faire pour décocher le titre de restaurant incontournable.

$ 40 à 60

Ouvert le soir du mercredi au lundi

Joe Beef 🍺

2501 rue Notre-Dame Ouest, Montréal, 514-313-6049, www.joebeef.ca

Le quartier de Griffintown est en pleine mutation. Les restaurants y poussent comme des champignons. Joe Beef et ses petits frères, le Liverpool et le Vin Papillon, sont incontestablement des endroits branchés à succès. Tant pour le minimalisme éclectique des lieux (du vieux dans du neuf) que pour les personnages qui y cuisinent, on aime ou on déteste. Il faut l'avouer, ce n'est pas parce que j'aime un endroit que vous devez l'aimer.

Le nom de l'établissement fait référence à un héros de la classe ouvrière du XIXe siècle, Charles *Joe Beef* McKiernan, ainsi qu'aux bouchers qui résidaient autrefois proche du marché Atwater. Il semble bien que le Joe Beef soit nostalgique de cette époque.

On y va ...
pour l'ambiance, les personnages et une nourriture abondante dans l'air du temps.

On retrouve une grande constance dans les plats classiques du Joe Beef, notamment d'incomparables plateaux de fruits de mer, des huîtres en provenance de partout, des viandes mûries à point, des croquettes d'anguille, des ailes de poulet, des pâtes au homard et un très bon gâteau forêt-noire au dessert.

Tant dans le décor qu'avec la bière Joe Beef, tout ici est aventure, même parfois l'attente au bar qui peut s'éterniser. Ce n'est pas donné, même que certains trouvent cela cher, mais peu importe, c'est toujours plein. Depuis peu, on offre même un appartement-suite situé à l'étage à louer à la journée ou plus longuement.

$ 65 à 80	*Ouvert le soir du mardi au samedi*	*Bonnes bières et carte des vins intéressante*

Kitchen Galerie

60 rue Jean-Talon Est, Montréal, 514-315-8994,
www.kitchengalerie.com

Les propriétaires ont fermé le Kitchen Poisson de la rue Notre-Dame, et le Kitchen Galerie de la rue Jean-Talon a peut-être perdu un peu de son faste par rapport au passé.

Mathieu Cloutier, un des propriétaires, passe beaucoup de temps à la télé, dans les médias et aux autres hobbys qu'il aime développer côté relations publiques. Mais lui et ses associés proposent toujours une formule qui ne laisse personne indifférent.

Au Kitchen Galerie, le menu propose généralement deux viandes, deux poissons et un choix végétarien. Le plat signature ici demeure la côte de bœuf pour deux personnes avec truffes et foie gras. Dommage pour ma part d'avoir perdu la grande sélection de poissons, crustacés et mollusques que l'on offrait dans l'ancien resto de la rue Notre Dame. Il faut quand même admettre que la nourriture de bistro que l'on sert ici est bonne, mais il manque une fleur parmi le bouquet.

> *On y va ...*
> *pour un repas sympa et sans prétention et pour manger du foie gras bien apprêté.*

La place est restreinte et les propriétaires mettent tous les efforts pour utiliser des produits de qualité. Tables brut de bois, vins au verre et tableau noir, le tout dans un environnement sans prétention mais néanmoins des plus agréables. Le pain est bon et le service amical.

$ 35 à 45 *Ouvert le soir du mardi au samedi*

Laurie Raphaël Montréal ♟♟♟

Hôtel Le Germain, 2050 rue Mansfield, Montréal, 514-985-6072, www.laurieraphael.com

Très connu à Québec grâce au restaurant qui porte le même nom et à la télé grâce à l'émission de Radio-Canada *Les Chefs!*, Daniel Vézina propose aussi le Laurie Raphaël version montréalaise, installé dans l'Hôtel Le Germain. Son ambiance est urbaine, très urbaine même avec une musique spécifique au bar qui dépasse souvent les décibels d'un restaurant gastronomique. La clientèle d'habitués qui s'y retrouve semble toutefois être ravie de cela. Le décor est rehaussé par des mobiles de céramique qui s'illuminent avec les jeux de lumière, et les tables bien dressées et nappées de coton amènent délibérément un certain confort.

On y va...

pour l'ambiance et pour la possibilité de voir son idole Daniel Vézina.

La cuisine des chefs et du mentor Vézina varie autant avec les arrivages qu'avec ses fournisseurs, comme Monsieur Daignault, qui livre toujours avec grand bonheur ses légumes racines et autres surprises. Le menu est également revisité selon le goût du moment et les produits découverts au fil des voyages que fait la famille Vézina. Le chef a également su créer des menus adaptés, comme le *surf and turf* qu'il offre à sa clientèle durant l'été. Le tout forme une cuisine créative et intéressante qui a su s'ajuster et demeurer constante depuis quelques années.

On dispose d'un très joli bar pour prendre un verre de champagne et même manger. Une très belle carte des vins est offerte aux consommateurs, mais attention, les prix peuvent aussi s'avérer à la hauteur de la réputation du restaurant.

$ 70 à 80	*Ouvert tous les soirs et le midi du lundi au vendredi*	*Magnifique carte des vins dont une grande partie de vins d'importation privée*

Lawrence 👕👕

5201 boulevard Saint-Laurent, Montréal, 514-503-1070,
www.lawrencerestaurant.com

Ce petit resto qui ne paye pas de mine vu de l'extérieur était un de mes coups de cœur en 2012. Il n'offre plus cette fougue du début, qui était peut-être la clé de son succès. Des tables de bois brut recyclées, un éclairage qui semble sortir des années 1950, de beaux verres et des serviettes de tissu créent une ambiance agréable. On ne fait pas beaucoup d'effort toutefois pour vous répondre en français.

Quel dommage, car ce petit resto, qui demeure l'un des meilleurs du boulevard Saint-Laurent, propose une cuisine originale qui n'hésite pas à mettre de l'avant la langue de bœuf et d'autres produits moins nobles que l'on ne retrouve que dans ce genre d'établissement où le chef est le patron. Le menu change le midi et le soir et s'attarde à valoriser les produits frais et régionaux avec beaucoup de créativité, de goût et de justesse dans les cuissons.

On y va ...
avant tout pour l'originalité de la cuisine, et le très bon rapport qualité/prix.

Le midi, le restaurant est occupé dès 11h30 par des habitués qui y ont trouvé leurs petites habitudes et qui commandent souvent sans consulter le menu. Le pain est bon et toujours frais. Évitez la table du fond près des toilettes, car le passage y est fréquent.

Bon choix de bières et de vins proposés et offerts au prix du marché. À quelques encablures de là sur le boulevard Saint-Laurent, il faut absolument découvrir la Boucherie Lawrence (voir p. 179), qui propose, en plus de ses viandes d'exception, des charcuteries maison sans nitrites et des préparations hors du commun.

$ 35 à 45   *Ouvert le midi du*   *samedi et dimanche*
mercredi au vendredi,
le soir du mercredi au
samedi et pour le brunch

Majestique 🍴½

4105 boulevard Saint-Laurent, Montréal, 514-439-1850,
www.restobarmajestique.com

Tout le monde à Montréal connaît la réussite de la famille Holder. Si Holder y touche, ça marche. Dans les brasseries-bistros des Holder, tout le monde il est beau, et presque tout est bon.

Pour le Majestique, le clan Holder a su aller chercher le chef Charles-Antoine Crête, que le magazine et site Internet *Omnivore* qualifie de « cuisinier fou ». Le chef Crête, crayon sur l'oreille, concocte ce que personne n'ose cuisiner. Du tartare de cheval au hot-dog de 12 pouces à partager, garni de légumes croustillants, la clientèle aime et en redemande. On retrouve également en cuisine Cheryl Johnson, qui, comme Charles-Antoine Crête, a déjà œuvré chez Toqué!.

On y va...

pour la cuisine des chefs anciennement du Toqué! et pour découvrir la foule qui s'y presse serrée comme des sardines.

La décoration assez éclectique rappelle par son style les années 1950, mais avec des touches de modernisme. Dans ce resto tout en long, un grand bar permet de s'attabler pour siroter un cocktail ou un verre de vin d'importation privée.

C'est branché et original comme ces bourgots à l'ail dont la texture ne plaît pas à tout le monde.

$ 35 à 45 | *Ouvert le soir (jusqu'à 3h) du lundi au samedi*

Manitoba 🍴

271 rue Saint-Zotique Ouest, Montréal, 514-270-8000,
http://restaurantmanitoba.com

Nous sommes bien loin de l'époque où l'on rejetait les abats et les produits considérés comme étant moins nobles que, par exemple, le filet mignon ou le saumon. Au restaurant Manitoba, on se fait un devoir et une image de proposer à la clientèle des abats, des produits locaux et bios, du gibier, alouette!, alouette!

En fait, qu'elle soit de bœuf, de porc ou de veau, la langue est excellente si bien préparée. Ce fut le cas lors de ma visite chez Manitoba, où j'ai dégusté de la langue de veau et du gravlax d'omble, des croquettes de sagamité, ce fameux mélange des trois «sœurs» (maïs, courge et haricots) des Amérindiens, du lichen frit au chocolat, du gin, des vins nature et une grosse bière mon minou.

Les lieux un peu et volontairement désordonnés s'inspirent de la mode actuelle : cuisine visible, récupération et recyclage de matériaux, plafond de bois de cèdre. Le résultat est surprenant au premier abord, puis, petit à petit, on découvre et on aime. Le service est détendu, à l'image de la maison.

On y va...

pour l'originalité éclectique de la place, le flan de porcelet au poivre des dunes et l'ambiance dans l'esprit du Montréal gourmand.

Les associés bien présents font de l'entretien sympathique tandis que le chef louange ses origines et sa culture de l'insolite. Les menus inscrits sur le tableau noir changent selon les inspirations et découvertes du chef, tout comme le choix des vins nature d'Elisabeth, une des associés.

Pour le gourmand que je suis, une délicieuse mousse au chocolat, à l'argousier et à la cardamome termine bien cette expérience culinaire dans le quartier de la Petite-Patrie.

$ 35 à 45	Ouvert le matin et le midi du dimanche au vendredi et le soir du mardi au samedi	Vins et bières disponibles au prix du marché Terrasse

Mercuri Montréal ♟♟

645 rue Wellington, local 120, Montréal, 514-394-3444,
http://mercurimontreal.com

C'est dans la Cité Multimédia que Joe Mercuri revient en force dans son tout nouveau bébé de restaurant. Un resto-loft dont la décoration classique présente des tons de brun, des poutres de bois et de la brique rouge, mais qui affiche aussi de grandes baies vitrées, un cellier moderne, de très belles tables de bois brut et des chaises recouvertes de (fausses) peaux d'animaux.

Le chef-propriétaire italien, bien connu pour ses anciennes prestations chez Rosalie, Lucca et Cube, est dans son élément. Il mélange les cuisines et les produits en même temps que les styles, jouxtant les saveurs comme dans ce surprenant mais délicieux plat de tartare de bœuf et vinaigrette de couteaux de mer, ou encore avec cette entrée de betteraves accompagnées de yuzu et de bleu Saint Agur.

On y va ...

pour découvrir une cuisine métissée dans un beau décor.

Le Mercuri Montréal offre un superbe choix de poissons qui varient avec les arrivages et les saisons, mais la pieuvre et le risotto sont des plats sans aucun doute à retenir.

Petite carte de desserts et superbe choix de vins tant au verre qu'à la bouteille à des prix pouvant parfois dépasser mon budget.

Très bonne mixologue au bar qui réalise des prouesses avec ses cocktails.

$ 60 à 80 | *Ouvert le soir du mardi au samedi*

Le Montréalais 🍴

*Fairmont Le Reine Elizabeth, 900 boulevard René-Lévesque Ouest,
Montréal, 514-954-2261, www.fairmont.com*

Il fut une époque où sortir au Reine Elizabeth était un événement. L'hôtel du centre-ville de Montréal est désormais propriété du groupe Fairmont, et a su conserver sa notoriété et son intérêt. Le Montréalais est un restaurant actuel qui répond en premier lieu aux clients de l'hôtel, mais qui accueille aussi fort bien les gens d'affaires le matin et le midi pour le lunch, tout comme les habitués qui viennent souvent y bruncher en famille le dimanche.

Dans ce restaurant installé sur deux niveaux, on trouve un bar et un salon qui permet de recevoir des groupes. La cuisine est bonne, sans prétention autre que celle de vous nourrir, et offre des tables d'hôte qui répondent aux saisons. Le service parfois très syndiqué est à l'image de l'établissement et sorti tout droit d'une autre époque.

On y va ...
parce que c'est pratique pour les gens d'affaires du centre-ville.

Ne vous attendez pas à la lune et vous ne serez pas déçu. Mais on se demande ce qu'il adviendra du Montréalais depuis le départ en 2013 du grand manitou Michel Busch, qui a su se battre contre vents et marées pour conserver une restauration digne de ce nom.

Par contre, le brunch du dimanche est parmi les meilleurs de Montréal (réservations requises), même s'il n'est pas donné. Que voulez-vous, vous êtes au «Reine», comme disent les intimes qui fréquentent assidûment les lieux.

$ 45 à 60	*Ouvert tous les jours pour les trois repas*	*Belle carte des vins, servis au verre ou à la bouteille*

Pastaga ♟

6389 boulevard Saint-Laurent, Montréal, 438-381-6389, www.pastaga.ca

C'est l'ancien restaurant de Giovanni Apollo qui est devenu le Pastaga depuis la venue de Martin Juneau et Louis-Philippe Breton. Rien n'a vraiment changé depuis l'époque d'Apollo, les tables de bois sont toujours là, tout comme le décor assez épuré et la cuisine à aire ouverte avec son grand écran. Dans un tel ensemble, l'ambiance est souvent animée, pour ne pas dire bruyante.

Côté cuisine, on a par contre carrément changé de style et c'est tant mieux. La formule est décontractée et rappelle plus un bar à vins de qualité qu'un simple resto avec sa sélection de vins naturels proposés en grand nombre pour accompagner des plats qui n'ont rien à voir avec une cantine de *fast food*. La pintade de Mauricie, la langue de veau et le porcelet sont pour moi les plats à découvrir.

On y va ...

pour le concept urbain branché, mais avant tout pour la cuisine de Juneau, créative et toujours changeante.

La cuisine est fraîche, pleine de saveurs et sans vraiment de surprises quand on a connu la Montée de lait, où officiait auparavant Martin Juneau. Gardez-vous de la place pour les magnifiques desserts qui méritent à eux seuls le détour. Par ailleurs, le pastis (ou *pastaga* comme on dit dans le sud-est de la France) est présent sur les tables et devient indispensable dès que la chaleur nous titille. Il ne manque que la piste de pétanque pour s'imaginer le Sud!

$ 35 à 50 | *Ouvert le soir du mardi au samedi*

Le Pois Penché 🍺

1230 boulevard De Maisonneuve Ouest, Montréal, 514-667-5050,
www.lepoispenche.com

En fait, je ne sais pas vers où pencher, car ce chic bistro du centre-ville, qui offre un magnifique comptoir pour les huîtres et les fruits de mer et qui possède une superbe terrasse et de magnifiques fresques à l'intérieur, présente toutefois une cuisine qui se cherche.

Une journée, on peut tout simplement crier de joie en consommant le plat du jour et, le lendemain, faire un bof devant un repas bien ordinaire. Selon moi, on appelle cela l'inconstance.

La carte est vaste, trop vaste, comme les heures d'ouverture qui me font penser à celles du Pied de Cochon des Halles de Paris. Le cassoulet sans les haricots tarbais est correct, tout comme l'onglet et la bavette. Les frites sont faites «maison», mais il manque ce petit quelque chose qui fait que la Brasserie Lipp est si unique et le Café de Flore si recherché.

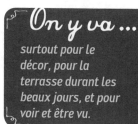

On y va ...
surtout pour le décor, pour la terrasse durant les beaux jours, et pour voir et être vu.

En fait, il suffirait de presque rien pour que ce resto-bistro prenne le chemin des grands. Rien n'est vraiment mauvais, mais rien non plus n'est exceptionnel, mis à part le décor très parisien. Après de mauvais jours passés, l'endroit semble par contre revivre avec de nouvelles intentions de mieux nourrir ses clients. Je dois l'avouer, lors d'une récente visite, le repas était totalement réussi.

$ 40 à 50	*Ouvert midi et soir tous les jours*	*Large choix de vins tant au verre qu'à la bouteille, terrasse*

Pyrus Bistro 👨‍🍳👨‍🍳

1481 avenue Laurier Est, Montréal, 514-590-0777,
http://pyrusbistro.com

Je ne suis pas végétarien, mais j'adore les légumes au point d'en être maniaque (surtout s'ils proviennent de mon jardin) et j'aime toutes les légumineuses, la semoule, le riz, etc., mais je n'en suis pas amoureux dans l'âme, car j'aime aussi tellement un bon morceau de viande mûrie pendant 30 jours et grillée à point.

C'est pourquoi j'aime ce bistro très convivial qui s'intéresse autant aux végétariens qu'aux mangeurs de viande et de poisson. Ici, on utilise par exemple, dans la sauce bolognaise, un cou de cerf de Boileau. C'est original, c'est génial et c'est bon. Renaud Poirier a compris tout cela. Il mise sur une clientèle prête à vivre des expériences uniques, comme celle qu'offre son menu du temps des sucres.

On y va ...
pour l'harmonie de l'ensemble et la simplicité de l'accueil.

Côté décor, c'est chic, chaleureux, *cosy*, jamais prétentieux ni de mauvais goût, et en plus la musique est bien choisie, tout comme les beaux verres sur la table.

Dans un revirement totalement bénéfique vers une cuisine de passion qui change au fil des humeurs, du temps et des saisons, on est passé du Bistronomique d'avant au vrai bistro de quartier comme on les aime. Depuis un an, l'offre s'est encore bonifiée et le bistro est en passe d'obtenir les grands honneurs.

$ 45 à 55	Ouvert le soir du mardi au dimanche, et pour le brunch les samedi et dimanche	Bon choix de vins et un brunch superbe servi les fins de semaine

Le Quartier Général

1251 rue Gilford, Montréal, 514-658-1839, www.lequartiergeneral.ca

Après m'être cassé les dents à plusieurs reprises dans de mauvais restaurants où mes amis souhaitaient m'inviter en me promettant qu'ils allaient me faire goûter à leurs meilleures bouteilles de vin, je ne suis pas devenu un adepte des établissements où il est possible d'apporter son vin, car trop peu proposent une cuisine qui vaille réellement le détour. Il me faut avouer qu'au Quartier Général, cela est bien différent.

On y sert l'excellent porc de la ferme Gaspor, le lapin de Stanstead, des calmars grillés et une foule de petits plats qui savent aller nous chercher. J'ai beaucoup aimé les escargots au jambon de Bayonne juste bien dosés en sel et les raviolis au crabe des neiges qui, il est vrai, avec une bonne bouteille de vin rendent la soirée très agréable et vraiment pas chère. La croustade aux pommes façon revisitée mérite à elle seule le détour.

On y va ...

pour y consommer des produits d'ici en toute simplicité, et l'on apporte son vin.

L'espace est vivant, actuel et branché, avec ses habitués du Plateau. La musique, souvent forte, ne semble pas déplaire aux amateurs des lieux. Le service demeure avenant, mais peut s'avérer parfois laborieux.

$ 35 à 40	*Ouvert le soir du mardi au samedi*	*On peut apporter son vin*

Racines 🍺

444 rue McGill, Montréal, 514-544-0444, www.racines.ca

Ça pourrait être les racines de l'ancien Bar et Bœuf qui s'installent dans les locaux de l'ancien casse-croûte Luigi, complètement rénovés. Le chef Simon Mathys semble s'y trouver à son aise pour exprimer ses forces et son talent. L'endroit est parfait pour les *foodies* qui emplissent la place le soir et laissent le champ libre aux gens d'affaires pour le service du midi. Banquettes de cuirette, tables de bois, belle verrerie et un éclairage soigné qui met en valeur le restaurant et les différents plats composent le décor.

En entrée on propose une cuisine plutôt classique, comme ce tartare de veau avec crème moutardée et petits oignons, ou ce superbe foie gras en terrine bien déveiné et surtout merveilleusement assaisonné.

On y va...
pour le minimalisme
des lieux et des
assiettes.

Pour les plats principaux, on demeure dans le traditionnel, presque trop, avec un choix de contrefilet, de côte de veau, ou encore de pétoncles aux endives. Bref, c'est bon mais jamais transcendant, d'autant plus que la carte est restreinte. Bravo toutefois pour le dessert au chocolat blanc et surtout coup de chapeau pour l'offre de fromages d'ici servis à la bonne température.

Excellent service. Cocktails et vins vendus au verre ou à la bouteille à des prix raisonnables mais sans surprises.

$ 35 à 45 | *Ouvert le midi du lundi au vendredi et le soir du lundi au samedi*

Renard artisan bistro 🍴

330 avenue du Mont-Royal Est, Montréal, 514-508-2728,
http://renardbistro.ca

Dans cet endroit, personne ne se prend pour une *star* de la cuisine. Le chef Jason Nelsons est un amoureux de la terre, de ses artisans et des produits qu'il utilise pour donner un sens à sa cuisine. Le décor s'affiche comme le chef en toute simplicité, avec ses tables de bois et son grand tableau noir sur le mur qui indique les plats à choisir.

On offre ici un plateau de charcuteries maison uniques (jambon d'échine, boudin de porcelet maison) et des créations tout aussi originales comme ce savoureux lapin braisé aux palourdes, qui me laisse le souvenir d'un plat de grande cuisine.

On y va ...
pour mieux y revenir, car c'est vraiment bon!

Bref, n'y allez pas pour le décor riche, blanc et minimaliste des designers habituels. Allez plutôt dans ce bistro si vous aimez la vraie cuisine maison, celle qui est faite avec les meilleurs produits issus du Québec, celle qui titille les sens et vous procurera de véritables plaisirs.

$ 30 à 45	Ouvert le soir du mardi au samedi	Très bon choix de vins et de bières locales

Restaurant Gus 🍺

38 rue Beaubien Est, Montréal, 514-722-2175, www.restaurantgus.com

Prenez un peu de persil, ajoutez une touche d'audace et de simplicité volontaire, puis devenez fou comme le nom du feu restaurant Jolifou où le chef David Ferguson a officié durant de nombreuses années.

Dans son Restaurant Gus ouvert en 2013, c'est tout petit, presque intime et comme à la maison, avec un décor aussi simple que les plats qui sont servis sans vraiment d'artifices. La cuisine du chef Ferguson est calquée sur ses visites au marché et les produits de ses petits fournisseurs qui l'ont suivi dans la rue Beaubien. Le chef a même récupéré son grand bol de bois dans lequel il assaisonne sa «vraie» salade César (et maudit qu'elle est bonne). À découvrir aussi, ses *tacos* au foie gras, sa bavette et son gâteau au chocolat et au rhum.

On y va ...

avant tout pour la cuisine de David Ferguson et pour le plaisir de se retrouver dans un charmant bistro.

De sa cuisine à aire ouverte, le chef surveille du coin de l'œil les clients qui se laissent aller au bar à consommer une bonne bière belge ou un verre de vin parmi un choix encore restreint.

Avec ses tableaux noirs accrochés aux murs et son style de bistro à la française revisité, nul doute que Gus est dans l'air du temps et répond bien aux attentes des visiteurs.

Réservez votre place au bar pour observer le chef en action.

$ 40 à 45	*Ouvert en soirée du mardi au samedi*

Restaurant Mile-Ex ♟♟

6631 rue Jeanne-Mance, Montréal, 514-272-7919,
www.restaurant-mile-ex.com

Il faut le trouver, ce petit resto de quartier bien caché : on gagne son ciel en arrivant sur place. On découvre alors un décor des plus simples, de récupération, mais qui en entrant fait son effet avec ses trois grandes tables de formica jaune et son petit comptoir installé devant la micro-cuisine. Puis arrive le talent du chef, avec sa cuisine vagabonde d'une extrême fraîcheur qui marie les produits du jour aux essences de la Méditerranée comme les herbes, l'huile d'olive, l'ail, les mollusques et les crustacés.

La carte qui s'affiche sur un tableau noir est l'indice du bonheur qui vous attend. Pas de flons-flons, pas de serviettes de tissu, mais sûrement une des meilleures cuisines du moment. Les prix sont plus que corrects pour la qualité des plats que l'on y sert, et les vins sont vendus à des prix très abordables dont bon nombre de restaurants qui abusent devraient s'inspirer.

On y va ...
pour l'ambiance et surtout pour la cuisine d'une créativité et d'une fraîcheur exemplaire.

Attention, il y a seulement 20 ou 25 places ici, et pas de réservation. Premier arrivé, premier servi. Il est possible toutefois de réserver l'espace complet pour un groupe ou un festin privé.

$ 30 à 35	*Ouvert les midis du lundi au vendredi et en soirée du mercredi au vendredi*	*Belle petite carte de vins offerts à un excellent prix*

Le Serpent 🍺 ½

257 rue Prince, Montréal, 514-316-4666, www.leserpent.ca

Nouveau venu dans la famille du Filet et du Club Chasse et Pêche, voici Le Serpent. Il propose un mélange de genres qui vante autant la cuisine italienne, avec son grand choix de pâtes et de risottos, que la cuisine internationale, avec de la raie, du magret de canard ou encore des travers de veau.

Surpris au départ par le décor plutôt froid d'usine désaffectée, on s'habitue après un certain temps au minimalisme des lieux et au marbre blanc du long bar à service où il est possible de prendre un repas ou bon cocktail. Comme au Filet, au Serpent le métal se conjugue avec la pierre et le bois des tables.

On y va ...

pour voir les curieux qui viennent essayer le nouveau resto branché de l'heure, mais surtout pour la cuisine éclectique et de qualité.

Une déception cependant, la courte carte des desserts qui en propose trois ou quatre seulement. Par contre, comme ses cousines des autres restaurants du groupe, la carte des vins nous offre de petites merveilles d'importation privée que l'on retrouve en vente au verre où à la bouteille.

$ 50 à 65	*Ouvert le midi du mardi au vendredi et le soir du lundi au samedi*	*Boîtes à lunch disponibles*

Le St-Urbain

96 rue Fleury Ouest, Montréal, 514-504-7700, www.lesturbain.com

Dans la rue Fleury, une artère gourmande qui se développe en permanence, Le St-Urbain de Marc-André Royal est un véritable petit bijou de restaurant de quartier. Dans un décor épuré, presque trop style «école», un grand tableau noir présente chaque jour les créations du chef et les vins qui, comme dans plusieurs endroits aujourd'hui, sont d'importation privée. Au fond de la salle, on découvre la cuisine à aire ouverte qui laisse apercevoir les chefs en action.

Côté cuisine, le chef fume les poissons certifiés Ocean Wise, la pomme de terre Yukon Gold, les tomates et l'os à moelle. Bref, il semble que la fumée soit très utilisée au St-Urbain. Il utilise aussi les produits de la ferme Lufa et le crabe de Dungeness. Les plats simples et agréables, métissés de saveurs et de goûts, laissent la place aux ingrédients frais auxquels il ajoute néanmoins trop

On y va...
autant pour la cuisine que pour l'ambiance.

souvent des artifices inutiles. Par contre, et pour le bien de tous, cette cuisine que pratique Marc-André Royal change en fonction des saisons et arrivages.

Un bon point, on ne retrouve pas ici les mêmes desserts classiques des bistros montréalais. Grâce à la chef pâtissière, on déguste plutôt de belles créations, comme ces beignets au caramel chaud à la fleur de sel. Le pain est magnifique et arrive tout droit de la boulangerie affiliée La Bête à pain, située juste à côté.

$ 45 à 50 | *Ouvert le midi du mardi au vendredi et le soir du mardi au samedi* | *Grand choix de vins importés au prix du marché, au verre ou à la bouteille*

Toqué! 🍴🍴🍴

Centre CDP Capital, 900 place Jean-Paul-Riopelle,
Montréal, 514-499-2084, www.restaurant-toque.com

On ne présente plus Normand Laprise et son associée Christine Lamarche du Toqué!. Membre des Relais & Châteaux, ce restaurant fétiche de Montréal est installé dans le quartier des affaires face au Palais des congrès. Le décor moderne est soigné et raffiné et permet d'apprécier une cuisine bien faite et d'une fraîcheur exemplaire.

Laprise est un précurseur au Québec pour avoir travaillé avec les nombreux petits producteurs qui sont devenus connus grâce à lui (cerf de Boileau, couteaux des Îles de la Madeleine, fromages du Québec, etc.). On parle ici de grande cuisine et, bien sûr, d'une cave qui répond aux attentes avec un grand choix de vins d'importation privée.

On y va ...

parce que tous les guides en parlent, mais aussi et surtout pour une grande cuisine.

J'y ai mangé une cuisine remplie de créativité, mais avec toujours une grande justesse dans les cuissons et les préparations. Je conserve encore en mémoire le plaisir que j'ai eu à y déguster du pigeon, des oursins et des couteaux avec une petite salade. La carte des plats varie en fonction des saisons et de l'approvisionnement, et les desserts suivent en qualité.

Le restaurant de Laprise est cher selon certains, mais ce qu'il propose est unique, et comme c'est le cas pour un grand spectacle, c'est un cadeau qu'on ne s'offre pas toujours.

Terrasse ouverte l'été, et bar pour de très belles dégustations de vins choisis lors de soirées spéciales, et parfois même avec les vignerons présents.

$ 85 à 95	*Ouvert le midi du mardi au vendredi et le soir du mardi au samedi*	*Terrasse en été*

Les Trois Petits Bouchons

4669 rue Saint-Denis, Montréal, 514-285-4444,
www.lestroispetitsbouchons.com

De l'extérieur, rien n'indique vraiment les découvertes que l'on peut faire à l'intérieur de ce petit bistro installé dans un demi-sous-sol. Tant au niveau des vins qu'au niveau culinaire, l'expérience mérite le détour. Le décor est plutôt sobre et feutré avec ses murs de briques, son long bar de bois, où l'on consomme des vins totalement naturels, et ses ardoises sur les murs qui présentent autant les plats du jour que les vins à découvrir. La musique des plus agréables n'empiète pas sur les discussions et laisse aux convives toute l'attention pour passer une belle soirée.

La chef Audrey Dufresne est passée d'une inspiration asiatique à une cuisine plus bistro, plus conventionnelle, qui mise sur les arrivages du marché et les produits de saison. Pieuvre grillée, champignons frais, canard et, en hiver, tartiflette se trouvent au

On y va ...
pour le choix des vins et la cuisine bistro de qualité.

menu qui change en fonction des trouvailles de la chef. C'est bon et surtout très frais.

Les Trois Petits Bouchons permettent aussi la dégustation de vins avec les conseils d'un expert qui vous fera passer une excellente soirée.

$ 40 à 45	Ouvert le soir du lundi au samedi	Carte des vins exceptionnelle, demandez les vins au verre

Cuisine française

Alexandre et fils 🍴

1454 rue Peel Montréal, 514-288-5105, www.chezalexandre.com

Installé dans la rue Peel depuis de nombreuses années, le restaurant d'Alain Creton, tantôt brasserie, tantôt bistro, tantôt café-terrasse, attire toujours les habitués, mais aussi les curieux de passage.

À l'image des brasseries classiques françaises, s'y retrouve un décor rétro avec miroirs, banquettes, chaises bistro en rotin et de grandes fresques aux murs qui pourraient fort bien nous faire croire que nous sommes à Paris. Alain Creton est bien connu par les touristes, surtout les fans de Formule 1 dont il est incontestablement un ambassadeur sans faille. Heureux, il le sera encore au moins pour 10 ans puisqu'on annonçait récemment que le Grand Prix du Canada prendrait possession de la rue Peel avec ses événements spéciaux jusqu'en 2025.

> *On y va ...*
> *pour le style brasserie et pour regarder passer les gens!*

La cuisine est celle d'un bistro sans vraiment prétendre à autre chose, bien qu'à l'occasion on reçoive de grands chefs de l'extérieur et que l'on serve aussi de «grands plats». J'aime le tartare bien fait, parmi les meilleurs de Montréal, les os à la moelle et au sel de Guérande, ou encore la «vraie» crème brûlée.

On propose de très bonnes bières à consommer avec ou sans frites, et la brasserie dispose aussi d'une très belle cave avec quelques pièces rares qui témoignent fort bien de la longévité de l'établissement.

$ 45 à 55	Ouvert tous les jours de midi à 2h	Terrasse prise d'assaut l'été Carte de vins de réserve

L'Auberge Saint-Gabriel 🎩🎩

426 rue St-Gabriel, Montréal, 514-878-3561, www.lesaint-gabriel.com

Dans cette belle demeure où l'histoire semble s'être arrêtée pour y bien manger, on retrouve un mélange éclectique de styles qui conjugue merveilleusement la pierre et une ambiance à mi-chemin entre New York et Montréal. Notez le véritable tourniquet récupéré dans un parc pour enfants, un élément de décor original que les grands adorent aussi.

Les propriétaires ont redonné vie à cette ancienne maison, qui offrait jadis une restauration très conservatrice du patrimoine local. Le chef Éric Gonzalez est récemment parti vers un autre défi, mais on a conservé le style et la manière du maître cuisinier. Au menu: jarret de veau laqué à l'érable, poulet à la broche et paella façon Auberge, très chère toutefois pour la qualité reçue.

On y va ...

pour les lieux magiques, en espérant voir se pointer Garou le magnifique.

Le service attentionné et professionnel répond aux attentes, et la cave bien garnie supporte avec brio la cuisine avec des crus rares d'importation privée, ou encore un grand choix de côtes-du-rhône à découvrir au verre ou à la bouteille. Une bonne sélection de bières est également proposée au bar.

| **$ 65 à 75** | *Ouvert le midi du mardi au vendredi et le soir du mardi au samedi* | *Très belle terrasse l'été* |

Bagatelle Bistro 🍴

4323 rue Ontario Est, Montréal, 514-254-3838, www.bagatellebistro.com

Ce restaurant-bistro où l'on peut apporter son vin est installé près du marché Maisonneuve depuis une dizaine d'années. L'été, une charmante terrasse qui donne sur la fontaine du marché nous permet une relaxation des plus agréables.

Le décor est simple, mais au demeurant chaleureux avec ses tables et chaises de bois. Le menu du jour, qui varie avec les arrivages, est affiché sur un tableau noir. C'est bon tant le midi que le soir, et on n'a jamais de mauvaises surprises.

Je me souviens encore de la jolie présentation sur planche de bois de ce copieux plat de saucisses accompagnées de frites avec leur mayonnaise fraîche et d'une belle petite salade. Les pâtés, les rillettes, les côtes de porc comme à la maison, le pudding en dessert... rien n'est jamais décevant.

On y va...
pour la gentillesse du service, mais surtout pour la qualité des plats.

L'endroit est souvent rempli, tant par les habitués du quartier que par ceux qui le découvrent et transmettent ensuite ce secret bien gardé aux amoureux de bonne bouffe.

Juste à côté de là, faites un saut chez Le Bièrologue (voir p. 176) pour vous procurer de bons produits alcoolisés du Québec, dont une variété impressionnante de bières locales.

$ 25 à 30 | *Ouvert le matin et le midi tous les jours et le soir du mercredi au samedi* | *Terrasse, brunch les fins de semaine jusqu'à 14h30* *On peut apporter son vin*

Beaver Hall ♟♟♟

1073 côte du Beaver Hall, Montréal, 514-866-1331,
www.beaverhall.ca

Voilà l'un des plus beaux fleurons de l'équipe Europea, dirigé avec brio par Jérôme Ferrer et ses associés. Un bistro comme on les aime et qui rappelle les «beaux bistros» que l'on retrouve à Paris ou à Lisbonne avec ses boiseries d'origine, ses banquettes et son cheval de bois retraité d'un manège pour enfants. L'endroit est prisé autant par les gens d'affaires le midi que par ceux qui désirent bien manger un soir de semaine.

Côté cuisine, elle s'ajuste aux saisons et aux humeurs des chefs, mais propose dans tous les cas des plats jouissifs et goûteux. Délicieux pain, bons vins d'importation privée et serviettes de coton même le midi, alors qu'on peut manger pour vraiment pas cher une cuisine de qualité.

On y va...

pour profiter d'un des meilleurs rapports qualité/prix en ville le midi.

Le restaurant propose pour le soir une formule «tout inclus» exemplaire, avec une demi-bouteille de vin par personne et un choix d'entrées, de plats principaux et de desserts. À goûter, le tartare de bœuf et frites maison, les calmars en croûte de parmesan, le *fish and chips* de morue et le foie de veau sauce aux pommes rôties.

La formule est bonne et fonctionne à merveille. Alors pourquoi changer puisque ici tout le monde est beau, tout le monde est gentil, et tout est bon. Et en prime, on sert du vrai sucre d'érable avec le café.

$ 40 à 55	*Ouvert le midi du lundi au vendredi et le soir du mardi au samedi*	*Vins au verre et à la bouteille, réservations essentielles tant le soir que le midi*

Bistro Chez Roger

2316 rue Beaubien Est, Montréal, 514-593-5400, www.barroger.com

Il existait jadis en ces lieux une taverne. La taverne disparue a fait place à un bistro plutôt réservé aux carnivores, notamment aux gars qui aiment manger des steaks épais, parler fort et prendre une *'tite* bière (ou deux).

Cet endroit sait charmer autant les habitués du quartier que les touristes qui cherchent du bon bœuf de l'Ouest. Parfois on y croise des artistes qui aiment s'y retrouver après le spectacle ou on tombe sur l'enregistrement d'une émission de Radio-Canada.

Dans un décor sympathique bien que simple qui facilite les contacts, on savoure des côtes levées, des tartares, ou encore de l'épaule de bœuf braisée à la bière noire. Les portions sont copieuses et nécessitent un bon appétit.

On y va ...
avant tout pour manger un gros steak, et aussi pour l'ambiance festive.

En saison, on retrouve des huîtres et des fruits de mer au menu, et bien sûr de bonnes bières de microbrasseries. Voilà un endroit qui gagne à être connu et qui nous prouve que l'omnivore aime bien la viande.

Prix très abordables pour la qualité des plats servis.

$ 30 à 40 | *Ouvert tous les soirs*

Bistro sur la Rivière

2263 rue Larivière, Montréal, 514-524-8108

Je vous avertis, il faut le trouver, cet endroit bien caché dans l'est de Montréal! Ce petit resto de quartier sympathique offre un bon rapport qualité/prix et affiche d'emblée ses couleurs avec sa publicité bien en évidence de la célèbre marque de pastis Ricard. On y trouve une trentaine de places, et un service très familial et aussi simple que la cuisine servie. Jean-Louis Brochu, le propriétaire, est aux fourneaux et discute le bout de gras avec ses clients dans sa cuisine, un véritable mouchoir de poche séparé de la salle par un comptoir.

Dans cet univers gourmand, le temps s'arrête à l'extérieur de la porte. On prend son temps pour bien savourer les classiques du grand tableau noir, comme la soupe à l'oignon et les sandwichs joliment garnis, mais aussi le confit de canard et la bavette sauce au poivre, un plat que les habitués apprécient particuliè-rement, tout comme les bonnes frites maison. Au dessert, choisissez le gâteau Reine-Élisabeth, le gâteau aux carottes ou la crème brûlée. Petite carte des vins et bon choix de bières locales. N'oubliez pas de réserver.

On y va ...

pour découvrir un bistro de quartier sympa et une nourri-ture maison!

Pour ceux qui découvrent le quartier, voilà le charme discret d'un petit bistro comme il en existait jadis un peu partout dans le Grand Montréal.

$ 35 à 45	Ouvert midi et soir en semaine et en soirée le samedi	Menu à prix avantageux le midi

Bonaparte ♟♟½

443 rue Saint-François-Xavier, Montréal, 514-844-4368,
www.restaurantbonaparte.ca

J'aime cet établissement qui entretient une fidélité culinaire digne des grands établissements. Le Bonaparte a su conserver son style du début et, il faut bien le dire, affiche une certaine rigueur tant en cuisine que dans le service. Son beau décor et ses éclairages discrets font ressortir les vieilles boiseries, le mobilier de style et les tableaux qui ornent les murs.

Les tables dressées avec goût permettent d'apprécier une cuisine française classique, mais très bien faite et sans artifices. On propose, tant le midi que le soir, des tables d'hôte et une carte qui redonne l'envie de découvrir la « grande » cuisine française. On joue les classiques comme le foie de veau ou les ris de veau à la cuisson parfaite. La blanquette de veau est servie au Bonaparte de la bonne façon, comme bien peu savent le faire.

On y va ...
pour la nostalgie
de la bonne cuisine
française classique
bien faite.

Dommage que ce restaurant, peut-être d'une autre époque, n'attire pas une clientèle plus jeune et autre que les clients d'hôtels et les habitués connaisseurs. Le Bonaparte témoigne d'une fidélité culinaire exemplaire comme bien peu savent le faire, et prouve que la bonne cuisine n'est pas toujours le fruit de la modernité.

| **$ 50 à 65** | *Ouvert tous les soirs et le midi du mercredi au vendredi* | *Belle cave avec des vins d'importation privée* |

Brasserie Central 🍴

4858 rue Sherbrooke Ouest, Montréal, 514-439-0937,
www.brasserie-central.com

La Brasserie Central a su rectifier son tir après des débuts difficiles. Cette fois, elle vise une clientèle plus urbaine qui aime
autant les *crab cakes* que le tartare de saumon ou encore le carré
d'agneau au romarin.

Dans ce restaurant tout en longueur et en blanc, de belles
photographies de guerriers tapissent les murs. Un comptoir-bar
à service, qui accueille une magnifique machine rouge Ferrari
qui sert à trancher le jambon séché et autres charcuteries, est
aussi présent. Malheureusement, le restaurant est bruyant et
il n'est pas rare de participer sans
le vouloir à la conversation des
voisins et d'entrer dans leur vie.

On y va ...

pour le kouign-
amann et pour
l'amélioration de la
cuisine.

Côté cuisine, elle change souvent
avec les arrivages et les découvertes au marché. Tant mieux,
car cela représente le meilleur de
la cuisine du chef. La brandade de
morue sur ratatouille avec une tuile de gouda et le homard avec
sa purée de pommes de terre sont tellement bons, et pourtant
ils ne rappellent en rien la Bretagne, le fief d'origine de la famille
Rouyé. Ce côté breton se manifeste plutôt dans ce magnifique
kouign-amann bien beurré et si délicieux que j'en voudrais
toujours plus encore.

$ 35 à 45	Ouvert le midi du lundi au vendredi, le soir du lundi au samedi et pour le brunch le dimanche	Belle carte des vins, vendus néanmoins un peu cher

Le Café Cherrier

3635 rue Saint-Denis, Montréal, 514-843-4308, www.cafecherrier.ca

Comme la plupart des bistros montréalais, le Café Cherrier est devenu pour plusieurs un lieu de petits déjeuners, de lunchs d'affaires ou d'évasion incontournable en soirée. Avec sa terrasse encerclée de vignes, l'endroit sait nous charmer comme savent le faire les grands cafés du monde auxquels on demeure attachés.

Plus français que ça tu meurs : de grandes ardoises noires, un éclairage qui sait mettre en valeur les boiseries, un bar dont les habitués du tartare ou de la brandade de morue raffolent, mais aussi les photographies de Pierre Dury que l'on aime voir et revoir et qui témoignent des 25 ans de cet établissement qui avoisine le square Saint-Louis.

Rien de très sophistiqué sur les tables, mais l'essentiel est là pour apprécier la constance qu'assure depuis 1983 le propriétaire Jacques. Ce sont les grands classiques français qui ont fait la réputation des lieux, comme la soupe à l'oignon gratinée, la soupe de poisson et sa rouille (avec des variantes de goût selon les poissons), le boudin noir aux pommes ou la tarte Tatin qu'il faut demander avec une boule de crème glacée à la vanille. On conserve les acquis comme à L'Express, pourquoi changer quand ça marche.

On y va... pour déjeuner et pour la terrasse.

Le service est bon en général, et les brunchs du samedi et du dimanche méritent que l'on s'y intéresse. La carte des vins est correcte, avec de bonnes importations privées, mais offre cependant un choix restreint. À découvrir en coup de cœur, un cahors, le Château Les Rigalets.

$ 40 à 45	Ouvert matin, midi et soir tous les jours	Terrasse

Carte Blanche 🍴

1159 rue Ontario Est, Montréal, 514-313-8019,
www.restaurant-carteblanche.com

André Loiseau est un chef discret, trop selon moi pour faire partie des «chefs-vedettes» de l'heure. Dans son restaurant, petit écrin à bijou, on aime le mélange de décor contemporain et d'urbain branché qui procure aux lieux une intimité des plus agréables.

Le chef Loiseau a réfléchi sur les tendances actuelles en restauration et sur l'avenir de son établissement qu'il a ouvert avec son épouse en 2006. Cette réflexion l'a amené en 2014 à permettre à ses clients d'apporter leur vin.

On y va...

pour un souper en amoureux.

On aperçoit peu de renouveau au menu, qui offre tout de même un délicieux loup marin mariné à l'érable ou encore un risotto d'escargots bien dosé et superbement cuit. Le midi, le chef propose une table d'hôte des plus accessibles qui fonctionne selon le principe de la cuisine du marché.

Il manque toutefois dans ce resto ce petit quelque chose qui s'appelle la foi. Il semble que croire au miracle soit ici vu comme un péché, et la passion semble être disparue.

| **$ 45 à 55** | *Ouvert midi et soir du mardi au vendredi et en soirée le samedi* | *On peut apporter son vin* |

Chez La Mère Michel 🍺

1209 rue Guy, Montréal, 514-934-0473, www.chezlameremichel.ca

Madame Delbuguet, alias la Mère Michel, n'a plus rien à prouver. Son restaurant dure et perdure malgré les modes montréalaises. Elle a su conserver le style du début malgré les différents chefs de talents qui sont passés dans sa belle maison. Certes, la cuisine française classique, les belles boiseries d'une demeure ancienne et les superbes fauteuils en tissu contribuent à l'environnement *cosy* et intime. Le vécu des propriétaires, qui participent activement à la vie et au succès de leur établissement, se retrouve aussi dans le décor, avec ses objets fétiches témoins du temps passé.

La cave est exceptionnelle et regorge de trouvailles uniques qui vivent en harmonie dans ces lieux bénis par Bacchus. La cuisine, bien que renouvelée, a su conserver les vedettes gagnantes de cette maison : soufflés, tournedos de chevreuil et filet de bœuf en croûte répondent aux désirs d'une clientèle fidèle qui se transmet la fourchette de génération en génération.

On y va ...
pour l'histoire,
pour les lieux très
classiques et pour
les grands vins que
l'on y conserve.

Le service est professionnel et la douce musique jamais trop forte. Et en prime, on profite parfois de la visite du photographe, conteur et écrivain Monsieur Delbuguet, qui sait fort bien raconter Montréal et sa belle époque.

$ 55 à 65 | *Ouvert le soir du mardi au samedi*

Chez Lévêque ♣

1030 avenue Laurier Ouest, Montréal, 514-279-7355,
www.chezleveque.ca

Pierre Lévêque est un personnage qui n'a surtout pas la grosse tête. Que ce soit pour ses huîtres en saison, son gibier ou ses champignons, son bistro demeure une référence pour ses fidèles clients, dont bon nombre au fil du temps sont devenus ses amis.

J'aime cette brasserie-resto typiquement parisienne tant dans le style que dans les plats qui y sont servis. Plancher de bois franc, grandes ardoises, tables et chaises bistro, terrasse prise d'assaut dès l'arrivée des beaux jours, tout est là pour que l'expérience soit belle. La constance de la cuisine est exemplaire, et les grands classiques qui ont fait la réputation du bistro sont toujours présents : gâteau de crabe Tourteau, escargots à la chablisienne, cervelle ou rognons de veau, et une bonne tarte aux pommes maison ou des œufs à la neige au caramel.

On y va ...
pour les
champignons et
le gâteau de crabe
Tourteau.

On a su au fil des années régler les détails, et le service coule de source avec professionnalisme et courtoisie. Si la table est simplement dressée, sans artifices inutiles, s'y retrouve l'essentiel, comme du bon pain, des serviettes de tissu et des verres fins pour apprécier une cave bien fournie.

Parfois bruyant en raison de l'achalandage abondant.

$ 40 à 55	*Ouvert tous les jours*	*Vins au verre ou à la bouteille, grand choix de vins d'importation privée, terrasse*

La Chronique ♟♟♟

104 avenue Laurier Ouest, Montréal, 514-271-3095,
www.lachronique.qc.ca

Voilà l'un des restaurants dont la cuisine est parmi les plus constantes dans le Grand Montréal. Ses propriétaires n'ont pas la grosse tête, et leur menu propose toujours des surprises des plus agréables. Dans ce lieu chaleureux qui ne manque pas d'ambiance, les clients pourraient se penser dans un café littéraire, avec en plus l'harmonie du beau et de la qualité. Des photos en noir et blanc prises par Marc De Canck, un des chefs-proprios, ornent les murs de la charmante salle à manger, où les tables rapprochées permettent quand même une belle intimité.

Les chefs revendiquent une cuisine du marché, fraîche, et surtout pleine de vérité. Pour cette raison, on propose à la clientèle des tables d'hôte différentes le midi et le soir. Il est vrai que, pour les habitués de la maison, la carte peut sembler restreinte, mais lorsqu'on cuisine à la minute, servir des plats frais est une garantie professionnelle.

On y va ...
pour un repas gastronomique, en tête-à-tête ou d'affaires!

Parmi les plats à découvrir en saison, citons d'abord le gibier et les champignons (et plus particulièrement la truffe noire du Périgord), mais aussi la morue noire, le flétan et, avant de partir, le fondant au chocolat Valrhona.

Le service est de qualité et jamais hautain, et la très belle carte des vins a su s'étoffer au fil des années. À signaler aussi, une belle carte d'eaux en bouteille.

On passe toujours des soirées exceptionnelles dans ce qui est sans doute une des meilleures, et des plus discrètes, tables de Montréal.

$ 60 à 75	*Ouvert le soir du mardi au samedi et le midi du mardi au vendredi*	*Très grand choix de vins au verre*

La Coupole 🍴½

Hôtel Le Crystal, 1325 boulevard René-Lévesque Ouest, Montréal, 514-373-2300, http://restaurantlacoupole.ca

Anne Desjardins signe le menu avec le chef Cédric Désilets dans cette belle brasserie de 150 places installée sur deux niveaux, et Bruno Meril, sommelier réputé et Meilleur Ouvrier de France, gère l'ensemble. C'est chic, c'est beau et surtout très tendance avec cette terrasse ouverte l'été au deuxième étage.

Les tables sont bien nappées et procurent à la place une ambiance raffinée, presque trop. On se retrouve néanmoins dans un restaurant d'hôtel où la clientèle bigarrée est parfois bruyante, surtout les soirs de hockey au Centre Bell.

On y va ...
pour les plats signature d'Anne Desjardins.

Le menu de style brasserie parisienne est un mélange de recettes de cuisine essentiellement française : escargots, carpaccio de pétoncles, tartare, etc. Oui le service est bon, oui les cocktails du mixologue sont des plus intéressants. Toutefois, même si le plateau de fruits de mer est bien garni, il est bien loin de celui du Pied de Cochon ou de Joe Beef. Pour 35$, le mignon de veau de lait manquait de rosé et était desséché. Les desserts sont très bons par contre, comme ce sabayon glacé à l'hydromel qui termine merveilleusement un repas.

Comme pour le repas chèrement acquis, les prix des vins s'envolent vers des sommets enneigés. La première bouteille de chez Brumont commence à 42$.

$ 50 à 70	Ouvert matin, midi et soir tous les jours	Terrasse

État-Major

4005 rue Ontario Est, Montréal, 514-905-8288, http://etatmajor.ca

Quartier en pleine évolution depuis quelques années, HoMa (Hochelaga-Maisonneuve) nous attire de plus en plus avec la qualité des restaurants que l'on y retrouve. Cette fois, on y découvre un resto de 80 places environ qui propose une cuisine plutôt française et bistro, et où l'on apporte son vin.

Le décor est bien réussi et chaleureux, avec un grand bar, de beaux luminaires, des boiseries, des tables de bois collées qui enlèvent un tant soit peu d'intimité, et des tableaux noirs qui indiquent les tables d'hôte, les plats du jour et plus encore, car on change tous les jours le menu ou presque.

Pour le petit frère du Quartier Général, l'examen de passage est réussi, mais attention, il faut surveiller la constance. La carte des desserts est un peu légère, mais le crémeux au chocolat servi avec un caramel au beurre salé semblait combler mon invitée.

Service sans prétention et décontracté.

On y va ...

pour les ris de veau bien cuisinés, le magret de canard ou encore la côte de veau façon côtes levées au four avec champignons de saison.

$ 25 à 35	Ouvert tous les soirs	Apportez votre bière ou votre vin

Europea 🎩🎩🎩

1227 rue de la Montagne, Montréal, 514-398-9229, www.europea.ca

Grand Chef des Relais & Châteaux, Jérôme Ferrer, le chef le plus médiatisé en ville, offre une cuisine du monde avec des accents du sud de la France et des produits du Québec. Et la bande à Ferrer qui assume quand le maître est absent sait aussi fort bien faire les choses. Chaque fois il se passe quelque chose de nouveau dans ce resto ouvert aux mille découvertes : maintenant il offre en plus le vin de la famille Ferrer avec la signature du défunt papa.

Dans un décor qui se construit sur trois étages, on peut apprécier une grande table autour de grands vins. Parmi les incontournables de la maison, on retrouve le cappuccino de homard qui n'a plus de secret, tout comme le poulet de Cornouaille au foin servi en cocotte. J'ai particulièrement apprécié les tagliatelles de calmars servies dans une pierre de lave creusée qui conserve la chaleur du plat. Les superbes desserts sont produits par le MOF (Meilleur Ouvrier de France) Jean-Marc Guillot.

On y va …
pour l'expérience gastronomique de l'équipe Ferrer !

La carte des vins est à l'image de la talentueuse cuisine et ne détonne en aucun cas avec celle-ci. C'est l'un des seuls endroits en Amérique du Nord qui vend le champagne Krug au verre. Chaque mois, l'Europea propose en plus une table d'honneur qui permet aux chefs venus de l'extérieur d'exprimer leurs talents.

La vaisselle est de qualité, tout autant que les verres et ustensiles qui s'harmonisent avec chacun des plats. Service professionnel.

$ 75 à 90	Ouvert tous les soirs et le midi du mardi au vendredi	Des cours de cuisine sont donnés sur place et par petits groupes

L'Express 🍺

3927 rue Saint-Denis, Montréal, 514-845-5333, www.restaurantlexpress.ca

Tout le monde à Montréal connaît L'Express ou presque! Sinon, à vous de découvrir ce bistro urbain et très montréalais dont la constance de la cuisine est exemplaire, et qui sert matin, midi et soir, depuis plus de 30 ans, de bons et loyaux repas dans la rue Saint-Denis.

Le matin, le petit déjeuner vous offre des jus frais, du saumon fumé, de bons croissants et plus encore. La salle toute en longueur ressemble, avec son décor épuré, à un hall de gare avec un peu d'intimité. Dès l'arrivée au comptoir pour savourer l'œuf mayonnaise, le filet de hareng pomme à l'huile ou les rognons à la moutarde, l'ambiance est conviviale et le service décontracté mais toujours attentif.

On y va...
pour la fidélité, mais aussi pour voir et être vu!

Petits cornichons, baguette croustillante pour accompagner au gré du jour les rillettes de lapin ou de canard, pot-au-feu, os à la moelle, poulet de grain rôti et bonnes frites : certains plats classiques figurent toujours sur le menu après 30 ans et offense serait de les retirer.

Ici la constance gastronomique rassure et procure rarement des déceptions. Accompagnez votre repas d'un magnifique morgon de Marcel Lapierre et terminez-le avec une sélection de fromages du Québec servis à la bonne température.

$ 30 à 45	Ouvert matin, midi et soir tous les jours	Très bon choix de vins d'importation privée

Holder 👕👕

407 rue McGill, Montréal, 514-849-0333, www.restaurantholder.com

On va chez Holder comme on va à L'Express. Au fil du temps, cette brasserie-bistro du Vieux-Montréal est devenue un lieu de rencontre aussi bien pour les habitués du midi que pour ceux du soir. De grandes fenêtres qui donnent sur la rue McGill, des plafonds hauts et un bar qui s'anime en soirée les jeudi et vendredi rehaussent un décor que Luc Laporte, l'architecte des restaurateurs, a su une fois de plus mettre en valeur.

Sur les banquettes, du monde, beaucoup de monde, dont certains qui raffolent d'être vus, et d'autres à qui le bruit empêche toute intimité possible. Un grand comptoir au bar permet de s'adonner à la contemplation urbaine en savourant de très bonnes bières ou des vins servis au verre.

On y va...
pour l'ambiance et
pour la bière.

La cuisine est assez constante et soucieuse de qualité. L'onglet, un classique des bistros lyonnais et parisiens, est ici à son meilleur, accompagné de bonnes frites croustillantes. La cuisse de canard, que le chef me confirme être confite sur place, varie en grosseur selon sa provenance ou le canard utilisé. Le service bien organisé et payant pour les serveurs fait en sorte que l'on n'attende guère ces plats du jour, qui changent selon la saison et les arrivages et qui sont annoncés de vive voix par ces mêmes serveurs. J'ai bien aimé les calmars au parmesan, ou encore le Riopelle servi à la bonne température avant le dessert, juste à point pour me faire apprécier le sucre à la crème maison.

Cette brasserie très populaire est souvent prise d'assaut le midi, et mieux vaut réserver.

$ 35 à 45	*Ouvert midi et soir tous les jours et pour le brunch les samedi et dimanche*

Laloux

250 avenue des Pins Est, Montréal,
514-287-9127, www.laloux.com

Coup de cœur

Ce restaurant a conservé le nom de son fondateur Philippe Laloux, qui se dédie désormais à la chanson et au voyage gastronomique. Bien placé, on se demande bien pourquoi il ne fait pas partie des tendances actuelles. La salle est étroite, mais entourée de larges fenêtres et de hauts plafonds qui permettent son ensoleillement et en font ressortir le jaune des murs. Le cadre est agréable, que ce soit pour un repas d'affaires ou un tête-à-tête. Les tables, toujours bien nappées, reçoivent une verrerie de qualité.

Le Laloux propose aujourd'hui une cuisine du jour avec tables d'hôte tant le midi que le soir, et une carte qui permet au chef Jonathan Lapierre-Réhayem de s'exprimer avec son mélange de cuisine classique française et de cuisine moderne qui offre aux consommateurs la chance de découvrir des produits locaux.

On y va ...
pour un bon repas dans un endroit calme, le midi ou le soir.

On a vu passer au Laloux des *stars* de la cuisine et de la pâtisserie, ce qui a donné au restaurant ses hauts et ses bas. Malheureusement, l'instabilité dont il a souffert pendant quelques années, tant en cuisine qu'au niveau du service, a nui à sa réputation. Voilà un restaurant qui a retrouvé le bon chemin et qu'il faut encourager pour qu'il regagne cette renommée qu'il a connue il n'y a pas si longtemps.

$ 35 à 45	*Ouvert le midi du lundi au vendredi et tous les soirs*	*Belle carte des vins, dont une grande partie d'importation privée, terrasse*

Leméac Café Bistrot 👕👕

1045 avenue Laurier Ouest, Montréal, 514-270-0999,
www.restaurantlemeac.com

Un rendez-vous bon chic bon genre qui rassemble depuis son ouverture en 2001 autant les artistes et les intellectuels de l'édition que le grand public qui a su trouver dans ce charmant bistro une ambiance bon enfant et une cuisine conviviale. Josée di Stasio aime y venir, et les artistes du *showbiz* s'y retrouvent après leur spectacle pour manger un tartare haché au couteau. Pour ma part, j'aime manger au bar et contempler le va-et-vient qui alimente le service.

La salle est agréable et permet, malgré la proximité des tables,

On y va ...
pour l'ambiance, et pour manger simple et bon.

une certaine intimité. Le restaurant peut accueillir une centaine de convives à l'intérieur, et l'on aime dès les beaux jours profiter de la terrasse couverte et chauffée pour apprécier le boudin maison, le *short rib* (bout de côte) de bœuf braisé, ou encore le pot-au-feu de saumon. J'ai déjà dit que les frites du Leméac étaient parmi les meilleures à Montréal, ce qui aujourd'hui est encore vrai, et il ne faut pas hésiter à goûter au merveilleux saumon fumé élaboré sur place.

Une cave riche en vins d'importation privée regroupe environ 500 bouteilles, dont une grande partie peuvent être vendues au verre. Le personnel est compétent, et les deux propriétaires, soucieux du bien-être de leur clientèle, offrent depuis le début une belle constance dans la qualité.

$ 35 à 55	*Ouvert du lundi au vendredi de midi à minuit et les samedi et dimanche de 10h à minuit*	*Brunch servi les samedi et dimanche de 10h à 15h, belle terrasse*

LuLu bistro

1025-109 rue Lionel-Daunais, Boucherville, 450-449-5885,
www.lulubistro.com

Un bistro comme on les aime, un vrai bistro à vins et à bières qui propose des plats simples comme de bons sandwichs et des burgers, pas moins de 10 bières locales et importées, et surtout, les mardi et mercredi soirs dès 17h, des plats de moules (un choix de 40!) avec frites à volonté.

Ça marche et les clients aiment, reviennent; plus encore, ils adorent. Du coup c'est souvent plein, et il faut s'y prendre de bonne heure pour réserver. Le pain est bon, et le café aussi, tout va très bien, Madame la Marquise.

Toutefois, ma dernière visite fut plutôt décevante, les moules étant sèches et trop cuites, les prix élevés pour ce type de repas et le service assez distant. En jargon culinaire, on appelle cela un manque de constance.

On y va ...
pour voir le tout
Boucherville et pour
manger des moules.

Le décor avec ses tables de bois est chaleureux et décontracté. La carte des vins demeure simple, avec des prix qui défient toute compétition. On ne trouve rien de transcendant dans la rue Lionel-Daunais à Boucherville, mais ce petit bistro et quelques autres lui donnent de l'intérêt.

 $ 35 à 45

Ouvert le midi du mardi
au vendredi et le soir du
mardi au samedi

Maison Boulud ♟♟½

Ritz-Carlton Montréal, 1228 rue Sherbrooke Ouest, Montréal,
514-842-4224, www.ritzmontreal.com

C'est au sein de l'hôtel Ritz-Carlton que Daniel Boulud a ouvert, à l'été 2012, son premier restaurant montréalais. Le décor est urbain, chic et de bon goût : murs de granit et de verre, tables en bois précieux, et un grand foyer qui laisse admirer un bal de flammes semblant danser en harmonie. La magnifique terrasse qui donne sur le célèbre jardin du Ritz et ses tout aussi célèbres canards permet l'évasion au cœur du centre-ville. Même si on n'y retrouve pas le même niveau de cuisine qu'au restaurant Daniel de New York, cet établissement est très fréquenté par les nostalgiques de la grande époque du Ritz-Carlton, notamment par une grande clientèle juive montréalaise qui aime s'y faire voir en bonne compagnie.

On y va ...

pour l'expérience culinaire, dans l'espoir de rencontrer Boulud et pour côtoyer les petits canards sur la terrasse du Ritz.

Le menu est, selon les principes Boulud, issu des meilleurs produits et évolue en fonction des saisons et des arrivages. À découvrir et goûter : les pâtes maison, la morue noire, la pieuvre grillée à la perfection et le bœuf américain de grande qualité, fondant et cuit sans faille.

Voilà un raffinement pour le palais rehaussé d'un service de qualité, parfois trop guindé, et d'une carte des vins qui offre un choix considérable d'importations privées et de petites découvertes. Les desserts sont à l'image de la maison, surtout les petites madeleines tièdes servies à la fin du repas.

$ 75 à 90	*Ouvert matin et soir tous les jours et le midi du lundi au samedi*	*Terrasse, brunch le dimanche*

La Prunelle

327 avenue Duluth Est, Montréal, 514-849-8403,
www.restaurantlaprunelle.com

En plein cœur du Plateau Mont-Royal et à travers une foule de restaurants, on découvre La Prunelle et sa salle toute en longueur, entourée de grandes baies vitrées qui s'ouvrent dès les beaux jours. Le soir, La Prunelle tamise l'éclairage pour créer un surplus d'intimité. Les tables sont dressées sans artifices, et le menu et les tables d'hôte ne font pas dans l'originalité. La Prunelle reste sur les valeurs sûres qui lui ont donné une certaine notoriété et qui confortent les habitués qui reviennent avec leurs vins préférés.

Le menu du jour apparaît toujours sur un grand tableau noir que le serveur tente d'expliquer. Plus français que ça, tu meurs : des escargots, du fromage de chèvre servi chaud, du tartare ou encore du filet mignon. En prime, la crème caramel. Rien n'est jamais mauvais ni mal cuisiné. Sans

On y va ...
pour apporter son vin, mais aussi pour une cuisine connue et sans surprises.

grand chichis ni de verres très fins au design italien, on est au demeurant bien servi et avec courtoisie. Attention cependant, car sur la carte certains plats sont dotés de pictogrammes signifiants un supplément de 2$ ou 4$.

Voilà un petit restaurant sans prétention qui permet de s'évader dans ce qui ressemble de près à l'origine des bistros français.

$ 30 à 35	*Ouvert tous les soirs*	*On peut apporter son vin*

Renoir ♟♟½

Sofitel Montréal Golden Mile, 1155 rue Sherbrooke Ouest, Montréal, 514-285-9000, www.restaurant-renoir.com

C'est le restaurant du chic hôtel Sofitel de Montréal, où les chefs de talent se succèdent depuis une dizaine d'années. Le chef Olivier Perret vise ici à démontrer la qualité de sa table, mais aussi à poursuivre le travail accompli de ses collègues. Il faut lui donner le crédit de s'intéresser aux artisans de la table et d'aller fréquemment au marché à la recherche de nouvelles saveurs. Il est un des seuls chefs d'hôtel à se battre pour sa cause, celle de bien nourrir ces clients.

L'endroit est chic, élégant et très agréable, et dispose d'une section qui fait office de bar et salon de thé. L'été, une belle terrasse couverte, sur laquelle est installé le jardin d'herbes du célèbre jardinier Jean-Claude Vigor, permet de socialiser tout en appréciant une flûte de champagne. Depuis la venue d'un nouveau directeur en salle à manger, le service s'est grandement amélioré et le Renoir offre ce qui se fait de mieux en termes de restauration d'hôtel à Montréal.

On y va ...

pour prendre un verre au bar ou pour un rendez-vous au petit déjeuner, mais surtout pour profiter d'un des rares hôtels qui offrent une si bonne cuisine.

Le menu change avec les arrivages, mais on y découvre toujours des produits issus des Viandes Biologiques de Charlevoix, des jardins de Jacques Rémillard ou encore de la ferme Gaspor. D'excellents desserts sont proposés par le chef pâtissier MOF (Meilleur Ouvrier de France) Roland Del Monte, qui complète à merveille cette équipe d'exception.

$ 55 à 70	*Ouvert matin, midi et soir tous les jours*	*Belle carte des vins, brunch le dimanche, terrasse*

Restaurant L'un des Sens 🍴

108 avenue Laurier Ouest, Montréal, 514-439-4330, www.lundessens.com

Il est vraiment bien caché, ce petit resto qui marie les cuisines de deux chefs, l'un d'ici et l'autre de Provence. Le tout forme une espèce de magie indescriptible qui surprend au premier abord dans un tel endroit. Le décor est un mélange presque zen de rouge et de noir, avec au fond un bar éclairé subtilement qui contribue à l'ambiance.

Côté cuisine, on semble innover à chacun des services, et les produits locaux se marient en harmonie avec le quinoa, les épices orientales ou encore l'huile parfumée au persil ou au paprika. Les mélanges sont audacieux, mais jamais téméraires ou osés. Prenez, par exemple, la finesse de cette crème de chou-fleur au gingembre, ou encore la complexité d'un plat comme le duo de caille confite et de pintade farcie au foie gras, servi avec une purée de salsifis et une sauce aux pommes, ris de veau et foie gras. Le lire sur la carte en valait la peine, le déguster en valait le déplacement. Une très belle carte des vins comprenant quelques bouteilles uniques, choisies par l'un des associés, complète l'excellence de la cuisine des deux chefs.

On y va...
pour un souper d'amoureux, mais avant tout pour la table.

Pour finir, on s'imprègne des desserts actuels concoctés avec les produits vedettes et tendances que sont les « chocolats de crus », le caramel au beurre salé et la fève de tonka, et parfois même, c'est cochon, d'un gâteau au fromage servi sur une tarte au sucre avec un coulis de bleuets.

$ 35 à 45

Ouvert midi et soir du mercredi au vendredi et en soirée les samedi et dimanche

Restaurant Tandem 🍴

586 rue Villeray, Montréal, 514-277-3339, www.restauranttandem.com

Les restaurants qui font de la bonne cuisine et où l'on peut apporter son vin ne courent pas les rues à Montréal. Ce petit endroit charmant fait exception à la règle, car si son chef Pascal Turgeon, membre de la Route de l'érable, s'inspire d'une cuisine française à la base, il n'hésite pas à oser servir des plats comme une crème brûlée au foie gras en entrée, ou un saumon en escabèche. Le menu qui manque un peu d'embonpoint s'interprète en fonction des arrivages et surtout des saisons.

Ils sont deux en tandem, lui en cuisine, elle en salle pour veiller au service. Le tout dans un décor simple qui mériterait toutefois plus de chaleur et de petits coins intimes.

On y va...

avant tout pour la cuisine simple mais jamais décevante.

Si vous avez une bonne bouteille à servir aux amis ou à déboucher, il est même possible de commander au chef un plat spécial qui pourra fort bien faire l'accord avec votre dite bouteille.

Si la carte pouvait s'étoffer, nul doute que ce petit restaurant du quartier Villeray en charmerait plus d'un.

$ 30 à 40	Ouvert le soir du mardi au samedi	On peut apporter son vin, terrasse

Le Tire-Bouchon 🍸🍸

141-K boulevard de Mortagne, Boucherville, 450-449-6112,
www.letirebouchon.ca

Pourtant caché dans un petit centre commercial sans grand intérêt sur le boulevard de Mortagne à Boucherville, Yassine Belouchi garde le cap avec son bistro qui se partage entre une cuisine française et quelques touches de son pays natal qu'est le Maroc. Son chef François, fidèle disciple depuis le début, s'implique dans l'entreprise comme si c'était la sienne. Même le personnel de salle affiche une constance et propose toujours un service de qualité et professionnel.

Le décor est celui d'un bistro moderne, agréable, et la cuisine présente pour les gourmets un intérêt non négligeable. Les tables bien dressées, avec nappe et serviettes de coton, fleur de sel et beaux verres, permettent l'intimité. On y vante autant la cuisse de canard confite que le tartare au couteau, servi ici avec de bonnes frites maison. J'ai dégusté dans ce restaurant la meilleure crème d'asperges jamais mangée.

> *On y va ...*
> pour la pastilla et surtout pour la constance de la cuisine.

On a récemment remodelé la carte, ce qui permet de mieux s'y retrouver dans les différentes formules proposées. Très beau choix de vins d'importation disponibles au verre ou à la bouteille.

$ 40 à 55	Ouvert le midi du lundi au vendredi et le soir du mardi au samedi	Terrasse durant la belle saison

Le Valois 🍺½

25 place Simon-Valois, Montréal, 514-528-0202, www.levalois.ca

Le quartier en plein développement qu'est HoMa (Hochelaga-Maisonneuve) regorge de belles surprises comme ce bistro gourmand qu'est Le Valois. D'ailleurs, son chef Denis Peyrat défend en groupe son quartier après avoir créé Hochelaga en Lumière, un événement annuel qui regroupe une douzaine d'artisans du secteur.

Dans un cadre résolument moderne, on trouve au Valois un grand bar pour déguster en saison des huîtres, ou encore une bonne bière de microbrasserie. La salle, toute en longueur et éclairée par des vitraux de couleurs, sait nous charmer d'emblée, tout comme la magnifique terrasse qui s'installe dès les beaux jours et qui donne un bel aperçu de la place Simon-Valois.

On y va...
pour la belle terrasse, mais aussi pour découvrir un poisson, le maigre!

Le chef témoigne de son savoir-faire et de son expérience acquise en Europe. Le respect des espèces menacées l'amène à proposer des poissons méconnus comme le maigre, ou encore des viandes biologiques de Charlevoix. J'ai particulièrement apprécié le gratin de macaroni au gruyère affiné en grotte, tout comme le croque-monsieur au vieux cheddar et au jambon fumé. Le second de cuisine du Valois, Thomas Ginieis, a gagné le prix des Créatifs de l'érable en 2013 avec son plat au whisky à l'érable « Homard ivre du Coureur des bois ». Le pain issu de la boulangerie voisine Arhoma est toujours de grande qualité, et les fromages fins du Québec et les desserts sont à la hauteur de la carte.

Très bon choix de vins au verre ou à la bouteille, dont 90% de vins d'importation privée, mais aussi de bières du Québec.

$ 35 à 45	Ouvert matin, midi et soir tous les jours, brunch disponible	Brunch vraiment accessible les samedi et dimanche, terrasse

Van Horne 🍴

1268 avenue Van Horne, Montréal, 514-508-0828,
www.vanhornerestaurant.com

Le Van Horne était ma grande découverte de l'année 2012. Il se cherche maintenant une nouvelle identité, et surtout une reconnaissance qui semble lui échapper. Mais la cuisine demeure toujours bonne et les assiettes souvent minimalistes présentent des créations variées comme de la bavette de cheval.

Ce restaurant offre une capacité de 30 places et, comme au Japon, un siège chauffant et autonettoyant dans les toilettes. Plus sérieusement, il présente un décor issu de trouvailles ici et là mais toujours de bon goût, et la cuisine qu'il propose est à l'image des lieux, soit divine.

La cuisine du Van Horne évolue au fil des saisons et met l'accent sur les poissons comme la morue et le maquereau, les pétoncles, ou encore le cerf et le veau de lait préparé suivant les humeurs du chef Jens Ruoff. En fait, il s'agit d'une carte qui peut sembler restreinte, mais qui assure une qualité et un choix conséquent selon les arrivages, y compris pour les desserts. Par contre, si la carte change régulièrement, les habitués retrouvent les plats du début qui les ont fidélisés. Bon choix de vins et un service discret et sans reproches, à l'image de la musique qu'on y diffuse.

> *On y va ...*
> pour déguster une superbe cuisine en tête-à-tête.

$ 45 à 55 | *Ouvert le soir du mardi*
au samedi

Vertige ♨½

540 avenue Duluth Est, Montréal, 514-842-4443,
www.restaurantvertige.com

On oublie trop souvent Thierry Baron, le chef discret, presque dans l'ombre de son talent, qui officie aux fourneaux de ce restaurant de l'avenue Duluth. Ici le décor résolument teinté de rouge est chaleureux, parfait pour un dîner en tête-à-tête.

La cuisine du chef Baron est définie par ses soins comme une cuisine de caractère, ce qui est vrai. Tout en étant classique, il ose créer ou réinventer des plats riches en saveurs, comme ses ris de veau, son canard ou ses différents tartares, tous des choix gagnants, tout comme ses joues de cochon braisées à la provençale.

On y va...

pour l'ambiance et pour un repas en amoureux.

Il faut terminer le repas avec le choix de glaces maison, ou encore la croustade aux pommes avec glace à l'érable.

Le Vertige propose différentes formules tapas ou menus dégustation à prix avantageux. D'ailleurs, la mode est désormais aux «jours fous», et ici c'est le mardi et le mercredi qu'on propose un menu tapas à 29$. La carte des vins affiche des crus d'importation privée servis au verre ou à la bouteille. De plus, le restaurant offre gracieusement son martini maison.

$ 45 à 55 | *Ouvert le soir du mardi au samedi*

Wellington

3629 rue Wellington, Verdun, 514-419-1646,
www.restaurantwellington.com

Je ne sais pas ce qui se passe, car je commence à aimer les restos sympas où l'on peut apporter son vin. Rassurez-vous, pas tous quand même, il y a encore des bistros ou restaurants de ce genre qui sont inintéressants. Pour sa part, le Wellington est plutôt sympathique comme petit restaurant de quartier. Le décor est moderne, presque épuré, avec de belles photographies sur les murs, des chaises bistro, des banquettes, des planchers de bois, des tables joliment dressées avec des verres INAO et de grands tableaux noirs qui permettent de découvrir le menu et les plats qui s'ajoutent chaque jour.

En fait, on trouve en ces lieux une petite magie indescriptible. Le personnel est avenant et courtois, ce qui ne gâche rien. Côté cuisine, on retrouve les classiques du genre saumon mariné ou calmars, mais aussi des escargots sur tartine, un choix curieux mais bon, voire

On y va ...
pour tout, et surtout
pour la bouffe et
l'ambiance.

excellent. Viennent ensuite les plats traditionnels comme le boudin maison, la bavette à l'échalote et les moules-frites, puis, surprise, de superbes desserts.

J'aime vraiment cet endroit qui sait charmer l'âme et le corps. Il donne et procure à Verdun un intérêt supplémentaire et permet d'apprécier cette rue Wellington pleine de petits commerces non dénués d'intérêt.

| **$ 35 à 45** | *Ouvert tous les soirs* | *On peut apporter son vin* |

Cuisine
québécoise

et curiosités montréalaises

La Binerie Mont-Royal

367 avenue du Mont-Royal Est, Montréal, 514-285-9078

Que voulez-vous, j'aime La Binerie! Plus encore, il m'arrive trois ou quatre fois par année de m'évader tôt le matin pour aller prendre à son comptoir le petit déjeuner complet : œufs, jambon, cretons, pain de ménage plaqué sur le poêle, et bien sûr les fameuses *binnes* de la place.

Il est indispensable pour bien apprécier les lieux de lire *Le Journal de Montréal* en écoutant le patron en bretelles qui commente les nouvelles du jour ou parle avec sa femme qui se trouve en cuisine.

La Binerie, c'est aussi un retour en arrière avec la graisse de rôti, le rôti de porc froid, le pâté au poulet et le pâté chinois. Rien n'a changé : ni l'étroitesse des lieux, ni les tabourets au comptoir, ni les toilettes au bas de l'escalier.

On y va…
pour se retrouver dans la tradition, pour les souvenirs du Matou et surtout pour les fameuses binnes.

C'est dans ces lieux bénis que Jean Beaudin a tourné le célèbre film tiré du roman *Le Matou* d'Yves Beauchemin. On ne parle pas de grand restaurant, mais bien d'une entité québécoise qu'il nous faut connaître.

$ 20 à 30

Ouvert matin, midi et soir du lundi au vendredi, matin et midi les samedi et dimanche

Café Sardine/Iwashi

Coup de cœur

9 avenue Fairmount Est, Montréal, 514-802-8899,
http://cafesardine.com

Il m'aura fallu m'y prendre à plusieurs reprises avant d'avoir enfin une place au Café Sardine. On parle vraiment de «boîte à sardine» ici, car on y est tassé comme... des sardines. Le décor tout de bois vêtu est chaleureux, simple et convivial, mais ici l'endroit mise beaucoup plus sur l'originalité des plats servis que sur ce décor simple mais néanmoins coquet.

Même si le chef Aaron Langille a quitté pour d'autres lieux, on conserve le style initial de l'endroit et le nouveau chef Brian Peters assure la constance au menu du midi. Le soir, le café

On y va...
pour l'originalité des lieux et de la cuisine que l'on y sert.

devient japonais, change de nom (il devient alors l'Iwashi) et de chef (Hachiro Fujise prend alors la relève), et propose alors un menu traditionnel d'*izakaya* nippon.

Le midi, le Café Sardine propose de merveilleux sandwichs, et il faut absolument demander le pain aux tomates. Mais mon coup de cœur va vraiment à ces beignes à l'érable qui sont vendus à la pièce avec un thé ou café, un dessert qui pourrait être banal mais qui devient ici un grand plat mettant en évidence ce produit phare du Québec qu'est l'érable.

$ 30 à 40 | *Ouvert le matin et le midi tous les jours et le soir du mardi au samedi* | *Bon choix de vins proposés au prix du marché et magnifique choix de cafés d'origine*

Café Souvenir

1261 avenue Bernard, Montréal, 514-948-5259, www.cafesouvenir.com

J'aime cet endroit qui permet la connexion de l'ordinateur et qui donne accès au Web gratuitement. Le décor est simple, les tables accolées les unes aux autres, et le bar accueille les habitués qui viennent dès le matin prendre leur petit déjeuner.

Mais ce que j'apprécie le plus, ce sont avant tout les tables d'hôte toujours fraîches, comme ces crevettes aux asperges et tomates servies le midi.

Ici pas de chichis avec des nappes ou serviettes de coton, mais bien du papier, du bois brut et quelques bons crus à consommer sans prétention. Un vrai petit café de quartier qui sait capter les sens et où l'on retourne sans déception.

On y va ...

pour l'ambiance d'un café de quartier, mais aussi parce que c'est bon.

Le menu propose en outre des petits déjeuners complets, des tapas, des salades et des sandwichs, dont un superbe *club sandwich*.

En bref, voici un petit café bistro pour manger simplement entre copains, sans jamais de mauvaises surprises inattendues.

| **$ 25 à 35** | *Ouvert matin, midi et soir tous les jours* | *Bons cafés et choix de vins au verre* |

Le Chasseur 🍴

3882 rue Ontario Est, Montréal, 514-419-2141, www.barlechasseur.com

Ça bouge enfin du côté des restos dans la rue Ontario Est. C'est tant mieux, j'aime ça. Après Le Valois et la célèbre boulangerie Arhoma, voici désormais Le Chasseur sachant cuisiner, qui se qualifie lui-même de resto de quartier. Un autre restaurant qui ose dans Hochelaga-Maisonneuve, bravo! L'une des deux chefs a été finaliste à l'émission *Les Chefs!* de Radio-Canada, et la maison n'hésite pas à le faire savoir. Plus encore, Le Chasseur s'offre un « mixologue » qui s'amuse à nous offrir des cocktails éclectiques, inusités même.

J'aime vraiment cet endroit, même si parfois la cuisine manque encore de précision. La joue de cochon est remarquable, tout comme la salade de lièvre, la côte de bison, et au dessert, le carré au chocolat Manjari avec son crémeux au miel et son pain d'épices.

On y va...
pour le dépaysement et pour la cuisine originale et goûteuse.

En plus des cocktails, on retrouve ici de très bonnes bières locales et on profite des conseils d'une sommelière de talent convaincue de son art et de sa passion pour les vins naturels.

L'ambiance est feutrée, avec de petites bougies étalées ici et là. Les habitués se retrouvent souvent au bar très tard la fin de semaine, alors qu'un DJ s'éclate en laissant aller les décibels.

Un endroit qui mérite vraiment le déplacement.

$ 35 à 45 | *Ouvert le soir du mardi au dimanche (cuisine ouverte jusqu'à minuit du jeudi au samedi)*

Chez ma grosse truie chérie 🍺

1801 rue Ontario Est, Montréal, 514-522-8784,
www.chezmagrossetruiecherie.com

Avec un nom comme ça, on est certain que c'est cochon! Ici, le décor est éclectique, tout droit sorti du cinéma, mais quand même de bon goût, avec ses grandes tables de bois ayant servi jadis comme piste de bowling et ses éclairages de rue.

À ceux et celles qui pensaient que ce restaurant était de passage, eh bien détrompez-vous, car il est désormais bien implanté avec une constance qui épate. La cuisine n'a pas la prétention d'offrir ce qu'offre un grand restaurant, bien qu'il propose des plats de grande cuisine. Le faisan sauce au Sortilège et la valorisation que font les cuisiniers d'un produit comme le lapin de Stanstead témoignent bien du talent à l'œuvre.

On y va...

pour l'originalité, les bons vins et la soupe à l'oignon.

On s'installe dans une des salles à vocations différentes ou sur la belle terrasse couverte pour savourer des huîtres servies avec du vinaigre de cidre de glace, des côtes levées braisées ou des plats de cochon mijotés, résultats d'une cuisine affective et rassembleuse qui réchauffe le cœur et le ventre. Les gentils serveurs savent vous vendre et vous faire apprécier l'assiette de charcuterie, le bœuf Angus, les fromages du Québec et la soupe à l'oignon à la bière et au fromage 14 Arpents, sans oublier l'excellent choix de vins vendus au verre ou à la bouteille.

La grosse truie est active et nous garantit que cela ne fait que commencer.

$ 40 à 55	*Ouvert le soir du mardi au samedi*	*Terrasse*

Chez Victoire

1453 avenue du Mont-Royal Est, Montréal, 514-521-6789,
www.chezvictoire.com

Voilà un chouette petit bistro de quartier qui offre différentes formules pour répondre à sa clientèle du Plateau et celle qui provient de partout.

Dans une ambiance très urbaine, moderne et teintée de bon goût avec son éclairage qui se tamise le soir, les clients peuvent s'installer au grand bar-comptoir pour consommer une cuisine sympathique, qui manque encore et parfois de précision, mais qui offre un très bon rapport qualité/prix.

On y va ...

pour découvrir un vrai bistro de quartier.

Au menu se retrouvent les crevettes de Rivière-au-Renard, à décortiquer avec les doigts, nous annonce-t-on, puis la bedaine de cochon et pieuvre grillée, l'os à la moelle, les huîtres et la planche de charcuterie. Les verres marqués à l'effigie de Victoire peuvent recevoir quelques petites merveilles d'importation privée.

Ce bistro qui voue un culte particulier à l'écrivain Michel Tremblay offre aussi une formule « après spectacle » à partir de 22h pour autour de 25$.

Attention, la place est souvent bondée de monde, et vous risquez, comme moi, de repartir bredouille pour aller manger ailleurs. Prenez donc le temps de réserver.

$ 35 à 40 | *Ouvert tous les soirs*

Le Chien Fumant

4710 rue De Lanaudière, Montréal, 514-524-2444,
www.lechienfumant.com

Une gang de « trippeux de bouffe » s'allie pour fonder un restaurant où leurs chums et leurs blondes peuvent se retrouver. C'est ainsi qu'est né ce Chien Fumant de la rue De Lanaudière, où les habitués installés au bar ont l'air d'analyser les nouveaux arrivants à chaque ouverture de la porte. *« Bonjour, c'est nous, on arrive pour dîner »*, a-t-on envie de leur dire.

D'emblée, on se sent bien dans cet établissement sans prétention qui affiche sa carte sur un tableau noir. La salle est étroite et permet d'admirer le spectacle des fourneaux en action. Le cochon y trouve son compte, et plusieurs recettes, de la queue de cochon frite au flanc de porc, sont proposées. On consomme aussi du bon jarret de bœuf et des joues de veau ou de bœuf braisées dans ce petit bistro de quartier géré par une bande de copains. Il n'y a rien d'artificiel dans cet endroit où il est possible de rencontrer des gens d'affaires égarés autant que la clientèle décontractée du Plateau Mont-Royal.

On y va...
pour l'abondance des plats et pour l'ambiance de bistro du Plateau.

Le service est simple et amical, mais toujours professionnel. Les petites tables intimes et la lumière tamisée arrivent à créer une ambiance qui permet une rencontre amoureuse.

$ 35 à 40	Ouvert le soir du mardi au dimanche et pour le brunch le dimanche	Bon choix de vins d'importation privée

La Colombe 🍺

554 avenue Duluth Est, Montréal, 514-849-8844,
http://lacolomberestaurant.com

Les restaurants de qualité où l'on peut apporter son vin sont assez rares. La Colombe fait partie des exceptions à la règle. La jolie salle du rez-de-chaussée peut recevoir une quarantaine de couverts, alors que l'autre à l'étage est réservée aux groupes. Le décor assez épuré dénote une certaine classe qui complète bien la cuisine plutôt française.

Au fil des années, ce restaurant ne désemplit pas et conserve ses adeptes qui apportent leurs meilleures bouteilles qu'ils n'hésitent pas à consommer ici, puisque la cuisine servie répond fort bien à la qualité d'un grand vin.

On y va...
pour découvrir un des bons restaurants où l'on peut apporter son vin.

Les menus changent régulièrement et s'établissent plus comme des tables d'hôte. Dans l'assiette, une cuisine fraîche bien faite qui met en valeur l'agneau du Québec, le cerf de Boileau et les champignons et autres petits légumes que les producteurs livrent au chef.

On profite ici d'un service de qualité et de prix raisonnables, d'autant plus que le fait de pouvoir apporter son vin permet de boire quelques bonnes bouteilles sans trop dégarnir son portefeuille.

| $ 35 à 45 | *Ouvert tous les soirs, réservations obligatoires* | *On peut apporter son vin* |

Crudessence

2157 rue Mackay, Montréal, 514-664-5188; 105 rue Rachel Ouest,
Montréal, 514-510-9299; www.crudessence.com

Même si certains vous diront le contraire, on ne va pas chez Crudessence pour passer une petite soirée romantique les yeux dans les yeux avec son amoureux. Bien que le décor soit joli, c'est surtout la formule comptoir qui est en évidence. Les deux succursales proposent aussi un service traiteur, des cours et une boutique du prêt-à-manger pour emporter.

Détrompez-vous, ce ne sont pas juste les «granos» qui fréquentent ces établissements, mais bien tous ceux qui sont convaincus du bien-fondé du végétarisme et du végétalisme, et qui bien sûr prennent grand soin de leur corps et de l'esprit qui l'habite. Surprise, surprise, j'y ai bien mangé, malgré les convictions négatives qui m'habitaient au départ.

On y va...
pour un choix de vie et de goût, et surtout parce qu'on aime bien manger!

Tout n'est pas cru ici, malgré le fait qu'on retrouve bon nombre de recettes du genre. Crudessence propose plutôt un savant mélange de soupes, de sandwichs, de crêpes, de lasagnes et un grand choix de jus santé (vendus aux alentours de 9,25$ pour 450 ml). Ce n'est pas donné, mais ça coûte moins cher que d'aller à la pharmacie.

Sans gluten, avec des aliments frais, voilà désormais un choix qui s'offre aux puristes et aux accros à leur santé.

$ 25 à 35 | *Ouvert midi et soir tous*
les jours

Grinder

1708 rue Notre-Dame Ouest, Montréal, 514-439-1130,
www.restaurantgrinder.ca

Avec la quantité de bistros et restaurants qui s'y installent, ça joue dur dans le quartier de Griffintown. Le Grinder ressemble avec ses éclairages à un cabinet médical. Mais la comparaison s'arrête là, car le reste du décor de ce restaurant branché est très éclectique avec son mélange de bois joliment travaillé et de verre, et la brillance de la hotte de cuisine bien apparente qui donne un côté moderne à cet ancien magasin d'antiquaire.

Côté cuisine justement, nous sommes ici dans un *steakhouse*, un endroit de gars où les pièces de viande grillées prédominent, mais où bien sûr les filles et les carpaccios, tartares et cévichés de ce monde se donnent aussi rendez-vous. Le menu affiche un mélange de styles et d'écritures qui semble plaire, mais qui demeure discutable. Rien de vraiment transcendant, mais la foule attire la foule et justement, les cuissons souffrent de ce trop plein de monde. Le steak demandé saignant arrive à point.

On y va ...

pour voir le choc des générations qui se retrouvent dans cet endroit et qui parfois comme moi se posent une multitude de questions.

Ce genre de restaurant qui veut plaire à tout le monde manque de personnalité au niveau de sa cuisine. C'est exactement ce qui se trouvait sur le Plateau et qui se déplace maintenant dans la nouvelle zone branchée du quartier des antiquaires. Attention, la clientèle passe à la moulinette et cela peut coûter cher, car les garnitures sont en supplément et, à force d'en rajouter, l'addition peut atteindre des sommets, surtout avec une bonne bière ou un vin dont on nous assure haut et fort qu'il fait partie des importations privées de la maison.

$ 60 à 75 | *Ouvert le midi du lundi au vendredi et le soir du lundi au samedi*

Hot Dog Café

6678 boulevard Taschereau, Brossard, 579-720-7666, www.hotdogcafe.ca

Chouette, je peux enfin venir au resto avec mon chien *Cacao*. Il faut se l'avouer, les chiens au Québec ne font pas bon ménage avec tout ce qui touche l'alimentaire. On fait de la discrimination canine et pour cause; on n'aime pas voir toutou au restaurant, qu'il soit petit ou grand comme mon si doux et gentil labrador couleur chocolat. À Brossard, c'est chose faite : il est maintenant possible de venir se restaurer avec le meilleur ami de l'homme.

Au Hot Dog Café, on trouve de tout, même des amis à quatre pattes. D'abord, un super-café sympa avec de grandes affiches attirantes où la clientèle peut déguster des hot-dogs de style européen, des pâtes, des salades et du très bon café. Les chiens, eux, ont droit à leur salon de toilettage, à une grande cour pour s'évader de leur maître, à un hôtel de courte durée et, bien sûr, ont de quoi se nourrir. Et avec des toilettes privées en plus. Comme le dit si bien le propriétaire des lieux, *« ici, c'est le chien le roi »*.

On y va ...
pour être heureux
avec son chien.

Une spécialiste du comportement animal s'occupe aussi des animaux un peu turbulents comme le mien. Tout a été bien pensé dans cet espace des plus accueillants qui permet enfin aux maîtres de pouvoir boire un petit verre de vin ou savourer une bonne bière tranquille avec leur chien. Oui, je suis conquis par l'expérience et j'espère bientôt découvrir de nouveaux endroits identiques.

 $ 25 à 35 | *Ouvert matin, midi et soir tous les jours*

Les Îles en ville

5335 rue Wellington, Verdun, 514-544-0854, www.lesilesenville.com

Ginette Painchaud, la propriétaire des lieux, nous accueille en entrant dans son petit coin des Îles de la Madeleine à Verdun. Son resto est sympa avec ses tables et ses chaises de bois, et nul doute qu'il s'agit bien des Îles qui sont représentées ici sur les murs. Avec leurs beaux accents, ils font tout, les Painchaud, de l'animation des lieux à la cuisine en passant par le service, et ce sont les meilleurs agents touristiques pour célébrer la lumière des Îles.

Côté mer, euh pardon, côté cuisine, on retrouve buccins, couteaux de mer, hareng fumé, maquereau, homard, crabe en saison et plus encore. Pour ceux qui n'aiment pas la mer et les produits qui en découlent, dommage et tant pis pour eux! Très vite la guitare se fait entendre pendant qu'on déguste les crêpes aux fruits de mer ou le roulé au saumon. Pas de grande cuisine gastronomique bien qu'elle puisse l'être pour certains, mais du *fun* assuré, surtout si quelques Madelinots sont de passage.

On y va ...

par nostalgie des Îles, mais aussi pour la musique et les fruits de mer.

Cela demeure un endroit éclectique à découvrir qui permet de passer de beaux et bons moments, surtout si l'on s'y retrouve en gang.

$ 30 à 40	*Ouvert le midi et le soir du mardi au dimanche*	*Bonnes bières des Îles et petite carte des vins bien suffisante pour avoir du plaisir*

Le Jardin Nelson

407 place Jacques-Cartier, Montréal, 514-861-5731, www.jardinnelson.com

Une fois l'été arrivé, on échappe à la bruyante et bondée place Jacques-Cartier pour entrer dans le havre de paix du Jardin Nelson. On s'installe à sa magnifique terrasse couverte pour écouter les chants d'oiseaux et la musique de jazz et pour consommer les pichets de sangria et les crêpes qui ont fait la réputation de l'endroit. J'aime beaucoup cet établissement qui permet l'évasion en ville.

Sans parler de grande gastronomie, on y mange bien, et nous sommes loin des attrape-touristes que l'on retrouve sur cette place et ailleurs dans le Vieux-Montréal.

De nombreuses spécialités sont offertes, comme les sandwichs au rôti de bœuf, les salades-repas ou les pâtes servies en tout temps. Le brunch est très intéressant et demeure en famille une valeur sûre et gagnante.

On y va...

pour le jazz, la magnifique terrasse et les crêpes.

Bières locales et vins au verre ou à la bouteille sont vendus à prix raisonnables. Les convives sont nombreux à venir se prélasser midi et soir dans cet endroit typique du Vieux-Montréal; les réservations sont donc nécessaires.

| $ 40 à 45 | *Ouvert midi et soir en semaine et pour les trois repas de la journée la fin de semaine, de la mi-avril au début septembre* | *Terrasse* |

Le Mitoyen 🎎

6552 rue de la Place-Publique, Sainte-Dorothée, Laval, 450-689-2977,
www.restaurantlemitoyen.com

La Rive-Nord de Montréal regorge de restaurants, mais la plupart sont placés sous des bannières de restauration rapide et bien peu peuvent prétendre être du niveau du Mitoyen. Installé depuis plus de 35 ans dans une maison bourgeoise de Sainte-Dorothée, ce restaurant de style classique permet une évasion aussi bien dans son jardin-terrasse l'été que dans ses salles cossues, avec leurs poutres de bois et leurs chaises de style installées proche du feu de foyer.

On se retrouve dans cette ambiance feutrée pour apprécier la cuisine du chef Richard Bastien. On peut ainsi découvrir ses spécialités telles que l'agneau des Cantons-de-l'Est, le porcelet des Laurentides, ou encore, quand la saison arrive, des poêlées de champignons ou les petits fruits de la région, à déguster avec la cuvée Neige, un cidre de glace de la belle maison d'Hemmingford, La Face Cachée de la Pomme.

On y va ...
pour s'évader de
Montréal et pour
apprécier les lieux et
la cuisine.

Le Mitoyen demeure certes dans la tradition des restaurants familiaux, mais pourquoi pas? Les modes changent, mais souvent les valeurs demeurent, surtout quand on parle comme ici d'une constance qui perdure.

$ 40 à 55 | *Ouvert le soir du mardi* *Terrasse*
au dimanche

Moishes 🍴

3961 boulevard Saint-Laurent, Montréal, 514-845-3509, www.moishes.ca

C'est l'antre de la bidoche, du bœuf Angus rempli de A et de la pomme de terre Monte-Carlo, et c'est indéniablement le coin des carnivores qui viennent dans ces lieux depuis 1938. On l'appelait alors le Romanian Paradise, et il était considéré comme l'un des meilleurs *steak houses* au monde. On a revampé les lieux mais gardé le plafond gaufré, amélioré l'éclairage mais continué de napper les tables de blanc, et ajouté un menu plus actuel tout en conservant les grands classiques qui ont fait ici la réputation de Moishes.

Dommage cependant qu'il faille encore payer un supplément pour les accompagnements, à croire que c'est comme cela que l'on s'enrichit. La jeune clientèle ne brille pas toujours par sa présence dans ce classique des classiques montréalais, peut-être justement en raison des prix pratiqués.

On y va ...
pour la tradition et pour le bœuf vieilli à sec que l'on retrouve désormais dans les épiceries IGA.

Il faut l'avouer, le bœuf de l'Ouest est de grande qualité et il est rare que les amateurs carnivores soient déçus par cette viande mûrie à point, même s'ils demandent malheureusement souvent qu'elle soit servie trop cuite. Le *lobster roll* est magnifique, le flétan parfaitement cuit et les cornichons toujours trop sucrés. Gardez-vous de la place pour le gâteau au fromage qui, comme pas mal de choses chez Moishes, appartient à la tradition et au souvenir.

Carte des vins exceptionnelle primée, grands vins de garde à prix parfois élevés comme les plus hauts sommets.

$ 75 à 90	*Ouvert tous les soirs*

Au Pied de Cochon 🐷🐷🐷

536 avenue Duluth Est, Montréal, 514-281-1114,
www.restaurantaupieddecochon.ca

On aime ou on n'aime pas le Pied de Cochon de Martin Picard, mais il faut quand même le faire : avoir osé ouvrir un restaurant à contre-courant de la « santé » et proposer sa fameuse poutine au foie gras, son canard en conserve ou sa langue de bison. En fait, on est ici dans l'antre du cochon et dans l'endroit à Montréal où cet animal est le plus valorisé avec le canard.

Picard est généreux dans les portions : les assiettes de fruits de mer et les desserts sont énormes. À découvrir, les merveilleux acras de morue, à consommer avec une bonne bière, et le très bon choix de vins d'importation privée.

On y va...

pour l'éclectisme de la carte et pour l'ambiance spéciale qui existe en ces lieux.

L'endroit est toujours bondé, et les tables rapprochées laissent à peine le passage au service. De la salle on aperçoit la cuisine à aire ouverte qui fonctionne à plein régime. Oubliez donc la tranquillité ou les tête-à-tête amoureux ici.

Martin Picard propose en outre des produits provenant de son érablière (où les places sont réservées un an à l'avance), son huile d'olive d'Espagne, ses magnifiques et très audacieux livres de cuisine et certains articles qu'il affectionne comme les t-shirts à l'effigie de son restaurant.

Le chef Picard a su démontrer qu'il est possible d'allier rusticité et cuisine conviviale. Acclamé par la critique tant au Québec et au Canada qu'aux États-Unis, il est et demeure fidèle à ses convictions. Il faut aller au moins une fois dans son restaurant pour comprendre le phénomène Picard.

$ 60 à 75 | *Ouvert le soir du mardi au dimanche* | *Réservations nécessaires*

Restaurant Vallier

425 rue McGill, Montréal, 514-842-2905, www.restaurantvallier.com

Cet endroit BCBG revisité propose un mélange de brasserie, de bistro urbain et de cantine de luxe. Le décor éclectique est des plus agréables avec ses planchers de bois et ses larges fenêtres qui donnent de la lumière sur le très joli bar où il est possible de s'attabler. Ce lieu rassemble une clientèle de tous les âges, dont certains convives semblent définitivement être des habitués.

Certes, on ne parle pas de grande gastronomie, mais bien d'un endroit où il fait bon être pour consommer une nourriture conviviale en bonne compagnie. La cuisine est à l'image des lieux, tout aussi surprenante que goûteuse.

Il est possible ici d'apprécier l'un des meilleurs burgers de la ville, mais j'adore les macaronis au fromage et lardons, le pâté chinois au confit de canard et la rosette de Lyon, qui malheureusement n'est pas la rosette telle qu'on l'achète aux Halles Paul Bocuse.

On y va ...

pour y retrouver les bistros d'antan et pour manger un bon plat de macaronis.

On peut aussi s'attabler ici pour déguster une bonne salade-repas et de bons petits vins d'importation privée pour pas cher.

$ 30 à 40	*Ouvert midi et soir tous les jours et pour le brunch le dimanche*	*Bières de microbrasseries à la pression et vins au verre et à la bouteille, terrasse*

Schwartz's Montreal Hebrew Delicatessen

3895 boulevard Saint-Laurent, Montréal, 514-842-4813,
www.schwartzsdeli.com

Ce *deli* fait partie de mes incontournables à suggérer aux gens en visite à Montréal. C'est l'apologie du cure-dent et la célébration du Cherry Coke, du cornichon, de la moutarde French's et du pain de seigle. Le tout, bien sûr, pour recevoir depuis 1928 les citoyens du monde dans cet endroit exigu aux tables accolées les unes aux autres.

Depuis mes débuts à Montréal, j'ai au moins une ou deux fois par an effectué mon pèlerinage dans cette mythique charcuterie hébraïque. Essayez au moins une fois de consommer au comptoir, vous assisterez alors à un *show* digne de ceux de Las Vegas et de Céline. On s'y regroupe côte à côte pour savourer la meilleure viande fumée qui soit, coupée au couteau devant vous. Oubliez la bière et le vin, on déguste sa viande fumée avec des frites et des cornichons sucrés, en buvant un Cherry Coke ou rien.

On y va...
pour l'ambiance
et pour espérer y
retrouver Céline!

Même si l'endroit est devenu la propriété du couple Angelil-Dion, il accueille autant les chefs d'État et autres personnalités que Monsieur et Madame Tout-le-Monde. Le service dans sa plus simple expression laisse toutefois parfois à désirer.

Juste à côté, une boutique de plats à emporter permet d'acheter dinde fumée, viande fumée et autres produits. Un endroit unique qui fait partie du patrimoine culinaire et culturel de Montréal et de la *Main*.

$ 17 à 25	Ouvert matin, midi et soir tous les jours	Argent comptant seulement, aucune réservation

Taverne Gaspar

87 rue de la Commune Est, Montréal, 514-392-1649,
www.tavernegaspar.com

Les tavernes de Montréal ne sont plus ce qu'elles étaient. Désormais la Taverne Gaspar s'ouvre à tout le monde et spécialement à la gent féminine. Ouverte le soir, les amoureux du 5 à 7 s'y retrouvent dans un cadre chaleureux et bruyant, autour du bar ou dans la salle, pour y découvrir une ambiance festive, mais aussi ensuite pour continuer la soirée et apprécier une «bouffe réconfortante».

Acras de morue, soupe à l'oignon et à l'os à la moelle, un excellent *fish and chips*, un bon macaroni au fromage avec lardons et petits pois (allez donc savoir pourquoi ?)... Rien de très recherché, mais cela plaît et les gens en redemandent.

On profite aussi d'un très large choix de cocktails et *slings*, d'une belle sélection de bières locales et importées et d'un choix de vins largement suffisant pour combler tout le monde.

On y va...
pour prendre une bière en compagnie de la jolie clientèle qui fréquente la place.

C'est *hot*, comme disent les habitués, qui de semaine en semaine se retrouvent ici en couple ou entre copains pour prendre une *'tite* bière, voire deux.

| $ 30 à 45 | Ouvert matin et soir tous les jours | Terrasse |

Wilensky

34 avenue Fairmount Ouest, Montréal, 514-271-0247, www.wilenskys.com

On ne parle pas ici de grande gastronomie, mais plutôt de cantine et de découverte du patrimoine culturel et alimentaire du Grand Montréal. Mais le déplacement en vaut la peine et témoigne de la pertinence toujours actuelle de cet établissement fondé par Moe Wilensky en 1932.

Nous sommes ici dans l'éclectisme total, presque dans un film de Woody Allen à attendre la suite qui ne viendra jamais. Mais quel bonheur qu'un tel spectacle à Montréal.

Vous y attendent des tabourets installés au bord du comptoir de service, un décor poussiéreux inchangé, avec sa bibliothèque où s'empilent quelques vieux livres, mais aussi ce fameux *Wilensky Special*, le sandwich au *baloney* grillé que l'on consomme avec un Coke fabriqué devant vous à la fontaine, ou encore le célèbre hot-dog « steamé ».

On y va...
pour le *baloney*,
l'insolite, la curio-
sité... et juste pour
le *fun!*

Cette cantine n'offre pas d'alcool et demeure seulement ouverte en semaine pour le service du midi. Une visite s'impose pour découvrir une entité montréalaise singulière.

$ 8 à 12 | *Ouvert le midi en semaine*

Cuisine
italienne

Barcola Bistro

5607 avenue du Parc, Montréal, 438-384-1112,
www.barcolabistro.com

Ça faisait longtemps que j'avais oublié qu'il existait du Campari Soda. En fait, ça m'est revenu en m'installant dans ce tout petit resto d'une trentaine de places qui ressemble à bien des endroits sympathiques du nord de l'Italie, en Vénétie précisément, avec ses murs couverts de photos de famille et ses pochettes de vieux 33 tours que l'on fait jouer d'ailleurs sur la table tournante. Des étagères avec des produits alimentaires, des objets divers et un mobilier simple mais qui se prête fort bien au style de la maison complètent le décor.

On y va...

pour les pâtes maison, les gnocchis à la tomate fraîche et la gentillesse du chef.

Je dois vous dire que j'aime beaucoup ce genre d'établissement qui me rappelle aussi qu'il existe autre chose que des restos italiens tendance qui vous servent tous la même chose : carpaccio, veau *parmigiana*, tiramisu...

Le chef Fabrizio Caprioli, Italien de souche, et son épouse, Danielle Robichaud, sont fiers de leur bébé et ils ont toujours une petite recette sortie des fagots à nous faire découvrir. Le menu change au gré des produits et des saisons, et une jolie petite carte des vins, évidemment très italiens, est proposée.

Une belle petite découverte que je souhaite vous faire partager.

$ 28 à 35 | *Ouvert le matin et le midi du mercredi au dimanche et le soir du mercredi au samedi*

Graziella ♟♟♟

116 rue McGill, Montréal, 514-876-0116,
www.restaurantgraziella.ca

Un vrai coup de cœur pour moi que ce restaurant qui s'affiche à Montréal comme un «grand restaurant italien». On y fait preuve d'une fidélité exemplaire dans la qualité et dans l'originalité de ces découvertes que Graziella nous fait constamment partager.

La salle à manger moderne et actuelle, dotée de plafonds hauts, laisse apparaître la cuisine à aire ouverte. Pierre, le mari de Graziella, est toujours attentif au service et découvre des vins d'exception et le plus souvent d'importation privée. L'ambiance, des plus agréables, prend une teinte plus intimiste dès la tombée de la nuit. Au sous-sol, on dispose de salles de réception pour les petits groupes.

On y va...
pour découvrir un vrai restaurant italien contemporain, avec tout ce que cela comporte.

Au niveau du menu, la talentueuse chef met toujours un point d'honneur à faire ses pâtes, mais de grâce, goûtez à son vrai risotto crémeux, juste *al dente* et largement saupoudré de Reggiano, c'est là que ça se passe. Mais que vous choisissiez l'osso buco, le flétan ou la morue noire, la magie opère toujours avec cette reine des fourneaux et de la grâce. Vous pouvez également vous laisser guider par la chef en lui précisant votre budget au départ. Vous ne le regretterez pas.

$ 55 à 65 | *Ouvert midi et soir du lundi au vendredi et en soirée le samedi*

Impasto ♟♟½

48 rue Dante, Montréal, 514-508-6508,
http://impastomtl.ca

La *mamma* doit être fière, son fiston a ouvert en 2013 son resto conjointement avec le chef et partenaire Mike Forgione, juste en face de la Quincaillerie Dante familiale (voir p. 177). Vedette de la télé, Stefano Faita n'était pas nécessairement destiné à devenir chef, mais le choix ne se pose plus maintenant, il a les pieds dedans. Son nouveau restaurant hérite d'un décor signé Zébulon Perron, qui a associé le marbre au bois et au terrazzo, le tout sous un grand plafond blanc.

Le décor est italien et la cuisine des compères aussi. Tout ou

On y va ...
pour déguster une
vraie cuisine de
famille italienne.

presque est fait maison, de la charcuterie aux pâtes en passant par les saucisses maison que l'on sert avec des rapinis poêlés et déglacés au vinaigre de pommes tardives : divin! On demeure dans le traditionnel, avec toujours le bon côté de la cuisine familiale.

Au dessert, cette tarte aux pignons de pin me laisse un souvenir comme celui que j'ai d'une magnifique tarte aux pacanes consommée en Louisiane.

On se croirait presque en Italie et on mange ici comme dans la famille.

| **$ 35 à 50** | *Ouvert le midi les jeudi et vendredi et en soirée du mardi au samedi* | *Superbe choix de vins et de grappas* |

Nora Gray

1391 rue Saint-Jacques, Montréal, 514-419-6672, www.noragray.com

Nora Gray est un restaurant chic et *cosy*, avec son bar, ses beaux panneaux de bois, sa table bien mise comme chez les familles du sud de l'Italie, et sa lumière tamisée qui permet l'intimité. Chez moi, on appelle cela le charme discret de la bourgeoisie.

J'aime aller en Italie et découvrir dans les villages la cuisine maison qui y est servie, et c'est un peu ce que j'espérais trouver chez Nora Gray. J'ai beaucoup aimé le petit cochon de lait rôti aux châtaignes et les pétoncles aux haricots blancs, même si les pétoncles étaient un tantinet trop cuits. Le choix sur le menu est vraiment complet, avec du lapin, du porc et de l'agneau, mais ce sont les pâtes maison qui demeurent avant tout la spécialité de Nora Gray. Les raviolis sont divins, mais malheureusement les *chitarra* étaient trop cuites lors de mon passage.

On y va ...
pour découvrir une cuisine familiale du sud de l'Italie.

Bons desserts bien faits, et beau choix de vins dont quelques-uns sont uniques à la place. Le service est professionnel, mais s'avère difficile lorsqu'on pose nos questions en français.

Un restaurant qui devra mieux faire s'il veut conserver sa place dans ce guide.

$ 40 à 60 | *Ouvert le soir du mardi au samedi*

Osteria Venti

372 rue Saint-Paul Ouest, Montréal, 514-284-0445, www.osteriaventi.com

J'aime l'Italie, mais moins les restaurants italiens qui sont en fait de pâles copies et qui n'offrent rien de vraiment italien sauf les noms des pâtes et pizzas. Dans cette *osteria* de la rue Saint-Paul, tout est autrement et fait maison comme leur délicieuse charcuterie. La salle est agréable, mais manque néanmoins d'une touche de féminité. Par contre, tant le midi que le soir, on y retrouve des serviettes de tissu sur les tables rustiques, une belle verrerie pour y recevoir des vins d'importation privée ou pas, et un tableau noir où sont inscrits les plats du jour qui sont également proposés de vive voix.

On y va ...

pour le repas du midi et la cuisine familiale bien faite.

Le midi, il offre une table d'hôte à deux ou trois services, et le soir, une carte plus élaborée avec des spécialités comme les champignons frais, les poissons du jour et la superbe pizza préparée à la minute. On peut s'installer au petit bar ou au comptoir devant la cuisine pour manger. Le service est de qualité, mais devient parfois presque trop relax.

On touche de près ici une bonne cuisine familiale qui n'a pas la prétention de nous offrir de la *grande cucina italiana*.

$ 30 à 35 | *Ouvert le midi du mardi au vendredi et le soir du mardi au samedi*

Il Pagliaccio 🍺

365 avenue Laurier Ouest, Montréal, 514-276-6999

On trouve une trentaine de places dans ce restaurant plutôt chic où l'on peut déguster une cuisine italienne classique confectionnée avec des produits de qualité comme de la très bonne huile d'olive.

Dans un décor presque fellinien teinté de modernisme et de romantisme vénitien, on peut apprécier la *buratta* et les pâtes fraîches aussi bonnes que celles préparées par la *mamma*, mais aussi le *vitello tonnato* (veau au thon) ou les poissons dont la justesse de cuisson prouve sans aucun doute que le métier est bien présent.

Le service, dans le plus pur style de la grande hôtellerie italienne, est parfois trop sophistiqué pour ne pas dire guindé pour l'époque et les lieux choisis. Dommage, car il suffirait de presque rien, comme dans la chanson, pour que l'ensemble soit vraiment un haut

On y va ...
si on aime l'Italie des films, de Rome et des vieux cafés.

lieu à l'image de l'Italie. Peu importe, la nourriture est bonne et fait oublier les écarts de service.

Très belle carte des vins avec des prix qui souvent atteignent des sommets.

$ 55 à 65 | *Ouvert le midi du mardi au vendredi et le soir du mardi au dimanche*

Prato Pizzeria & Café

3891 boulevard Saint-Laurent, Montréal, 514-285-1616

Le Plateau Mont-Royal regorge de restaurants de toutes sortes. Les gens passent facilement du bistro au restaurant où ils apportent leur vin, et s'y trouvent quelques restaurants italiens qui vendent des pâtes et de la pizza. Pour ma part, j'aime la pizza quand elle est fine et délicate comme celle du Prato, et encore plus si, fait de plus en plus rare, elle est cuite au four à bois. Ce resto, bien que simple, présente justement un grand four à bois qui laisse deviner les odeurs de pâte cuite et de tomate caramélisée. Un bon chianti, de l'huile d'olive épicée et une pizza de chez Prato peuvent amplement suffire à combler un convive gourmet.

On y va...

pour ne pas se casser la tête et pour consommer une bonne pizza.

Allez savoir pourquoi, ici les pizzas sont plus ovales que rondes et directement servies sur des plaques de métal posées devant nous. Comme partout ailleurs, on aime jouer la carte de la recette de la *mamma* pour la sauce tomate de base, qui s'étend comme à Naples sur toutes les variétés de pizzas que l'on propose. De la pizza *all dressed* en passant par la pizza végétarienne ou la calzone, le client est rarement déçu.

Bien sûr, on sert ici le classique espresso court, mais il est possible aussi de consommer de bonnes bières locales ou encore un bon petit vin d'Italie sans que l'addition vide votre portefeuille.

$ 20 à 25 | *Ouvert le midi en semaine et le soir du lundi au samedi*

Primi Piatti 🍴🍴

47 rue Green, Saint-Lambert, 450-671-0080, www.primipiatti.ca

Pas toujours facile de trouver un bon resto italien sur la Rive-Sud! En Italie, les premiers plats qui donnent leur nom à ce restaurant de Saint-Lambert sont toujours les pâtes, et ici elles sont apprêtées avec bonheur. Le décor moderne et distingué s'affiche avec goût tant dans les couleurs que dans le style proposé. Les larges lampes suspendues descendent avec leurs tentacules au-dessus des tables bien nappées. On y découvre, en plus des petites salles pour les réceptions privées, un petit bar à service et une cave de réserve dans un cellier bien apparent.

D'emblée les serveurs vous proposeront l'apéro. Laissez-vous tenter par un des Campari Soda, car ici ils sont fort bien faits et commencent très bien un repas. Une belle *focaccia*, avec une bonne huile d'olive italienne, vous mettra aussi en appétit.

On y va …
avant tout pour l'excellente cuisine italienne.

La cuisine est un mélange de classiques italiens avec, au passage, une touche de modernisme emprunté aux cuisines du monde. Outre les pâtes, le veau est ici à son meilleur, tout comme la pieuvre grillée. Les pizzas cuites au four à bois sont aussi excellentes, et demandez que les cuistots vous préparent une polenta coulante, un pur délice. Dommage que les desserts ne soient pas plus originaux que ceux proposés : crème brûlée, moelleux au chocolat, du déjà-vu et revu un peu partout. Le service est à l'écoute, et parfois même un peu trop. On trouve néanmoins ici l'un des meilleurs restos italiens du Québec.

$ 40 à 55	Ouvert midi et soir en semaine et en soirée les samedi et dimanche	Très belle carte des vins proposés au verre ou à la bouteille

Primo e Secondo 🍴🍴

7023 rue Saint-Dominique, Montréal, 514-908-0838,
www.primoesecondo.ca

Il faut le trouver, ce restaurant qui se cache derrière le marché Jean-Talon. Dans son décor aussi discret, on se permet un repas en tête-à-tête le soir ou d'affaires le midi.

De grandes ardoises disposées sur les murs indiquent les plats du jour. On y retrouve le choix de vins au verre, le plus souvent d'importation privée, ou encore ces grands classiques italiens à prix élevés servis dans de beaux verres Riedel. Certes, on n'est pas dans le grand faste d'un décor à colonnes, ni dans un décor épuré tel qu'on peut en trouver à Milan ou en Toscane.

On y va ...
pour la côte de veau
et la bonne cuisine
maison.

La cuisine est le point fort du restaurant, et le point fort de la cuisine est sans aucun doute les risottos. Le risotto aux truffes en saison est merveilleux au point de vous tirer les larmes. L'agneau aux herbes et la très épaisse côte de veau de lait méritent à eux seuls le détour. Laissez-vous aussi tenter par les champignons en saison, car ici, comme dans presque tous les bons restaurants italiens, ils sont bien préparés.

Un petit bar à service complète l'aménagement, et la capacité d'accueil se limite à environ 40 couverts. Bons desserts concoctés sur place.

$ 35 à 50 | *Ouvert midi et soir du mardi au vendredi et en soirée le samedi*

Le Richmond 🍺

377 rue Richmond, Montréal, 514-508-8749, http://lerichmond.com

Il faut bien le dire, c'est le restaurant de l'heure où le jet-set aime être vu et se faire voir. Dans ce qui était jadis un ancien entrepôt industriel, on a installé une salle au décor de théâtre qui peut recevoir une centaine de convives. La terrasse qui permet l'accueil d'au moins 50 personnes de plus est prise d'assaut dès les beaux jours d'été. Tout ce monde qui parle souvent aussi fort que la musique que l'on diffuse en salle aime le style mi-italien branché, mi-urbain Montréal nouveau style.

La carte ressemble beaucoup aux cartes du même genre d'établissements comme le Hachoir ou le Grinder où l'on retrouve tartares, thon et saumon bio, et on mise aussi comme ailleurs sur les *pasta* qui sauvent le monde et qui ici sont en général excellentes. Côté desserts, rien de très nouveau.

On y va ... surtout pour la foule qui s'y presse et le bruit qui l'entoure. On appelle cela l'ambiance.

Ce n'est quand même pas donné pour des *pappardelle* végétariennes à 22$ ou une côte de bœuf du Marchand du Bourg, certes vieillie à sec 10 jours tel qu'écrit sur le menu, qui se détaille à 120$ pour deux personnes. De plus, fini les vins en bas de 42$, c'est le prix à payer ici pour un muscadet.

| **$ 60 à 80** | *Ouvert le midi du mardi au vendredi, le soir du lundi au samedi et pour le brunch du dimanche* | *Terrasse* |

Ridi Bar Ristorante

Le Méridien Versailles, 1800 rue Sherbrooke Ouest, Montréal,
514-904-1900, www.ridi.ca

Voici le fief de Peppino Perri, le plus francophile des chefs italiens à Montréal. Dans ce restaurant ouvert en 2011, il s'accorde à servir un hôtel, mais revisite les classiques italiens avec bonheur.

Son restaurant est moderne, chic, mais sans fausse note. On y trouve de belles banquettes dans des espaces privés et un beau grand bar qui tient lieu de bar à service, mais où il est aussi possible de s'attabler. L'éclairage bien dosé rend la salle romantique, le tout dans un mélange teinté de rouge, noir et blanc crème.

On y va...
pour un repas intime
le midi ou le soir.

Depuis toujours Peppino sait nous fait rire, et c'est pour cette raison qu'il a donné ce nom à son restaurant (*ridi* signifie «rire» en italien). Un cellier à la hauteur des attentes répond merveilleusement aux plats qui sont proposés : les spécialités comme les pâtes maison fabriquées sur place, le *vitello tonnato* (veau au thon), ou encore la lasagne du Sapori Pronto, l'ancien restaurant de Perri. Laissez de grâce faire le chef : il va vous épater avec ses poissons ou sa polenta coulante arrosée d'une bonne sauce tomate aux herbes.

On aime le grand bar pour savourer un *spumante*, ou encore un des grands vins importés d'Italie dont dispose le restaurant Ridi. Petite terrasse ouverte l'été, salles de réception et réservations à prévoir.

$ 45 à 55	*Ouvert matin, midi et soir tous les jours*	*Brunch le dimanche, terrasse*

Cuisines
portugaise
et espagnole

Boca Iberica 🍽 ½

12 rue Rachel Ouest, Montréal, 514-507-9996, http://bocaiberica.com

L'ancien patron du Vintage s'est installé sur le Plateau Mont-Royal en 2012, dans ce restaurant qui lui ressemble et qui offre aux visiteurs un voyage sensoriel entre l'Espagne et le Portugal. Quand le patron est en cuisine, nul doute, la cuisine est meilleure.

Voilà un restaurant moderne, teinté de blanc, lambrissé de bois et orné de fresques contemporaines qui ajoutent de la couleur aux lieux. On s'installe au grand bar pour consommer des tapas et des boissons qui séduisent, rassurent et ouvrent l'appétit. Les tapas varient selon les arrivages en direct du Portugal et peuvent s'articuler entre chorizo grillé, foie de lotte au vinaigre de Xérès et calmars farcis, ou encore un crabe frais reconstitué et servi avec un petit verre de bière pour laver la carapace et boire le jus. Commandez à l'avance le mercredi ou jeudi des sardines et demandez à les faire griller au gros sel, ou essayez le petit cochon rôti qui témoigne sans aucun doute du bien-fondé d'une visite en ces lieux.

On y va...

pour l'ambiance et pour faire un voyage au Portugal dans la rue Rachel.

La belle carte des vins oscille entre les bons crus du Portugal, pays d'origine du chef-proprio Manuel Martins, et les vins du monde.

L'été, la charmante terrasse est souvent prise d'assaut tant par les habitués que par les touristes qui adorent le lieu. Seul bémol, le Boca Iberica manque parfois de constance au niveau du service.

$ 45 à 55 | *Ouvert le midi du lundi au vendredi et le soir du lundi au samedi* | *Terrasse*

Casa Tapas

266 rue Rachel Est, Montréal, 514-848-1063, www.casatapas.com

J'aime la rue Rachel, où se trouvent de bonnes boulangeries, mais aussi de bons petits restaurants comme la Casa Tapas. Dans un décor très chaleureux qui mélange contemporain branché et classicisme espagnol, on y déguste les tapas comme on le ferait à Barcelone, dans cette maison qui fut l'une des premières à introduire les tapas dans la vie gourmande des Montréalais. Depuis, les tapas ont fait des petits et on retrouve ces petites bouchées un peu partout sans pour autant que les restaurants qui les servent soient espagnols ou portugais.

À la Casa Tapas, j'apprécie la paella, les tapas au chorizo grillé ou au poulet, les aubergines farcies selon la mode provençale, ou encore les moules d'Espagne au safran.

On y va ...
pour les prix, les chouettes petites tapas et les bons vins d'Espagne.

Le cellier bien apparent présente peut-être la meilleure sélection de vins d'Espagne en ville : les finos, xérès et autres pièces uniques résultant de l'importation privée nous permettent de bien savourer chaque plat. *¡Olé!*

Les desserts ne rejoignent cependant toujours pas le reste de la carte et font défaut dans plusieurs cas. C'est définitivement le point faible de cette maison.

$ 35 à 45 | *Ouvert le soir du mardi au samedi* | *Carte des vins de grande qualité*

Ferreira Café ♟♟♟

1446 rue Peel, Montréal, 514-848-0988, www.ferreiracafe.com

Situé rue Peel, le Ferreira Café demeure un haut lieu gastronomique ainsi qu'un lieu de rencontre des BCBG de Montréal. Malgré les années qui passent, le décor ne vieillit guère avec ses murs garnis d'assiettes cassées, et les couleurs chaudes du Portugal font en sorte qu'on ne se lasse pas de l'endroit. C'est l'endroit de prédilection pour la drague de haut niveau.

L'été, les portes s'ouvrent et laissent deviner une micro-terrasse que les gens s'arrachent. J'aime m'asseoir au grand bar le midi ou le soir pour voir passer les gens et discuter avec le personnel. Attention toutefois, l'endroit peut être bruyant et la musique très urbaine.

On y va ...
pour les vins uniques et la qualité du poisson!

Le patron Carlos offre souvent le petit porto blanc en guise d'amitié. Du magnifique cellier sont tirées des bouteilles de vins d'importation privée et des flacons uniques des portos que Carlos Ferreira a su faire découvrir aux Québécois.

La cuisine est un ici exemple de constance et de fidélité. C'est certainement l'un des meilleurs endroits à Montréal avec Milos pour savourer à sa juste cuisson et fraîcheur le poisson du jour. Sardines, *mahi-mahi*, dorades, calmars ou homards, il ne reste que l'embarras du choix. De magnifiques tables d'hôte sont proposées tant le midi que le soir; essayez les classiques portugais que le chef Marino Tavares sait faire revivre avec talent. Pour ma part, j'aime les huiles que Carlos propose, le chorizo grillé et les incontournables *natas* offerts parmi le choix de desserts. Le service est excellent et toujours constant. On aimerait que ce soit ainsi dans tous les restaurants.

$ 60 à 70	*Ouvert tous les soirs et le midi en semaine*	*Terrasse*

Helena 🍺🍺

438 avenue McGill College, Montréal, 514-878-1555,
www.restauranthelena.com

Après le Portus Calle, le restaurant maître d'Helena Loureiro, voici le petit bistro ouvert en 2012 qui porte fièrement son nom. Se retrouve beaucoup de monde dans cette salle joliment décorée, avec son plafond lumineux et ses assiettes peintes à la main. Les tables sont très collées, place oblige, mais laissent suffisamment d'espace pour que les serveurs vous apportent le pain dans les petits sacs de toile brodés aux initiales d'Helena.

La cuisine est calquée sur la tradition des tapas portugaises, mais propose aussi l'éternel *caldo verde*, cette soupe au chou que l'on consomme en famille, les croquettes de morue qui sont d'ailleurs excellentes, ou encore le flétan un tantinet trop cuit.

On y va ...
pour l'ambiance et les petits prix du midi, mais aussi pour les croquettes de morue.

On retrouve aussi, comme dans presque tous les restaurants portugais, les *natas* au dessert et parfois une incursion dans les desserts du Portus Calle, comme les magnifiques figues au chocolat.

Le midi ou le soir, le restaurant offre des tables d'hôte et, comme au Portus Calle, un superbe choix de vins qui sont vendus au verre ou à la bouteille. Très bon choix de portos.

$ **35 à 45** | *Ouvert le midi du lundi au vendredi et le soir du lundi au samedi*

Pintxo 🍺

256 rue Roy Est, Montréal, 514-844-0222, www.pintxo.ca

J'adore l'Espagne pour la beauté des paysages et le climat, et côté bouffe j'aime y savourer un gaspacho, des gambas et un riz au safran de la Mancha tout en sirotant un rosé bien frappé. Me retrouver au Pintxo à la tombée du jour pour y déguster des tapas avec un verre de fino, c'est aussi pas si mal! Dans ce petit et charmant restaurant de la rue Roy qui s'est largement adapté aux goûts du Québec, les petites salles intimes ne laissent aucun doute sur le goût des propriétaires pour l'Espagne et les petits *pintxos* que l'on y sert.

Le repas se décline sous la forme de diverses tapas qui comblent

On y va …

pour les tapas et pour l'ambiance jeune et conviviale.

largement les appétits. On sait mettre en valeur le poisson, les champignons et les légumes du Sud dans ces petits plats que l'on propose le midi et le soir. Le chef qui a séjourné au Pays basque s'inspire grandement des spécialités du coin et n'hésite pas non plus à mettre le foie gras et le piment d'Espelette en évidence.

La cuisine est installée entre deux salles et permet d'observer les chefs en action. La petite musique d'ambiance et les très bons vins d'importation privée qu'il est possible de consommer au verre complètent l'expérience de ce voyage au pays de Don Quichotte. Juste dommage que ces vins soient vendus un peu trop chers.

$ 40 à 55	Ouvert le midi du mercredi au vendredi et en soirée tous les jours	Choix très intéressant de vins d'Espagne d'importation privée

Portus Calle ❦❦❦

4281 boulevard Saint-Laurent, Montréal, 514-849-2070,
www.portuscalle.ca

Helena Loureiro avait raison d'ouvrir un tel établissement à proximité du quartier portugais. En effet, ses fournisseurs de poissons, de chorizo et de pain portugais se trouvent tous à 3 min de marche de son fameux restaurant. Le Portus Calle offre une ambiance moderne chargée de couleurs ensoleillées, un grand bar à poissons et fruits de mer qui laisse entrevoir la cuisine à aire ouverte et un bar à service pour s'attabler ou simplement déguster un grand porto ou l'un des vins qu'Helena et son équipe importent directement du Douro. Au nombre de repas que j'ai consommés chez Helena, je n'ai jamais été déçu et, chaque fois, l'expérience est unique.

On y va …

en amoureux avant tout pour la cuisine d'Helena, mais aussi pour les vins.

Le restaurant, ouvert le midi, change d'atmosphère le soir pour permettre le romantisme et la découverte du Portugal par sa gastronomie. J'aime le porc aux palourdes, la pieuvre grillée, les tapas de chorizo grillé et de croquettes de morue, les fromages de brebis et les figues au chocolat à savourer avec un petit porto. Le tout sur des airs de la musique du Portugal, de Bïa ou encore, lorsque la soirée avance, des airs nouveaux de fado.

Attention, il vaut mieux réserver, car la popularité du restaurant ne fait que s'accroître. Même depuis l'ouverture de son bistro Helena (voir p. 143), la reine du fourneau portugais demeure encore bien présente dans le restaurant qui a fait sa renommée.

$ 50 à 60	*Ouvert midi et soir du lundi au vendredi et le samedi en soirée*	*Très belle cave de vins, de portos et d'autres alcools en provenance du Portugal, terrasse*

Tapas 24 🍴½

420 rue Notre-Dame Ouest, local 4, Montréal, 514-849-4424,
www.tapas24.ca

Un concept espagnol adapté au modèle montréalais. Sébastien Benoît et ses partenaires Carles Abellan du très couru resto Tapas 24 à Barcelone et Jorge Da Silva misent sur une formule déjà bien établie pour captiver les consommateurs d'ici. Le décor résolument tendance est constitué de bois, de chaises modernes et d'une mezzanine ouverte qui permet de voir et d'écouter la clientèle branchée. On peut facilement s'imaginer à Barcelone dans le fief d'Abellan, cet ancien d'El Bulli devenu au fil du temps un véritable homme d'affaires.

Un grand bar permet le service et la dégustation de vins d'Espagne et d'ailleurs sélectionnés par François Chartier, à consommer avec les célèbres tapas aux huîtres, le superbe jambon serrano, la pieuvre grillée, les sardines en escabèche, les filets d'anchois exceptionnels et directement importés, ou encore le bœuf mariné au vinaigre de xérès, glace au chocolat et huile d'olive.

On y va...

pour la réputation du chef Carles Abellan, mais surtout pour y voir le monde séduit par l'ensemble du projet.

Si le tout devient une expérience culinaire en soi et nous offre quelques belles découvertes, il faut néanmoins faire attention aux jolies petites portions dégustation qui peuvent à la longue coûter cher, surtout on décide, selon la même approche, de tester les vins de Catalogne.

Une belle façon de voyager dans ce magnifique pays qui allie dans l'assiette le soleil et la gourmandise.

$ 40 à 50   *Ouvert le soir du lundi au samedi*

Tapeo 🍴

511 rue Villeray, Montréal, 514-495-1999, www.restotapeo.com

Pour tous les amateurs de tapas, voilà le rendez-vous où aller. Le restaurant a été refait depuis son ouverture et offre désormais un grand bar tout en long pour consommer tapas et vins fins. Le bois brut est à l'honneur et le décor rouge et noir est sympathique, propice à la détente et au partage. Cela convient d'ailleurs fort bien à la formule de petits plats que l'on propose chez Tapeo : les tables assez rapprochées évitent l'intimité, mais conviennent parfaitement aux échanges entre tablées.

Les deux associés, Victor et Sébastien, œuvrent ensemble pour que le service soit à la hauteur de la cuisine de la chef reconnue Marie-Fleur St-Pierre. Asperges grillées, croquettes de morue, chorizo grillé et calmars font partie du choix de tapas proposé, qui varie en fonction du marché et des arrivages. La cuisine change selon les saisons et s'étoffe avec l'apport des petits producteurs locaux qui s'installent au marché Jean-Talon dès le printemps. Seul bémol, une certaine faiblesse au niveau des desserts.

On y va...
pour les vins, mais aussi pour la cuisine et l'ambiance.

L'ambiance est de mise, et la musique, assez forte en fin de journée, assure à une clientèle assez jeune la garantie d'une belle soirée.

$ 30 à 45	*Ouvert le midi du mardi au vendredi et le soir du mardi au dimanche*	*Très belle cave de vins espagnols et portugais, bières locales*

Taverne F 🍴🍴

1485 rue Jeanne-Mance, Montréal, 514-289-4558, www.tavernef.com

Nous sommes ici dans le Quartier des spectacles avec tout ce qu'il représente. Carlos Ferreira a décidé de faire évoluer son ancien F Bar pour en faire une taverne portugaise. Pari gagné, Carlos peut aujourd'hui présenter au public sa vision des tavernes ou bistros de Lisbonne, avec des plats comme des sardines en escabèche, de la morue confite à l'huile (magnifique!) ou encore du poulet à la portugaise comme celui que l'on retrouve dans le quartier portugais de Montréal. On y trouve évidemment toujours un superbe choix de vins importés par le propriétaire, disponibles au verre ou à la bouteille.

On y va ...

pour l'ambiance et pour être vu dans ce chic bistro-bar du Quartier des spectacles.

Le cadre est agréable bien qu'étroit, à l'image de la Brasserie T! voisine, mais dès les beaux jours, avec la terrasse qui s'ouvre sur la place des Festivals, on se prend à rêver à l'Algarve ou à la vallée du Douro en sirotant un bon verre de *vinho verde*.

À noter, la superbe huile d'olive issue de la propriété Ferreira au Portugal et vendue sur place, et le très intéressant brunch proposé les fins de semaine.

Comme son voisin le T!, ce bistro-bar demeure au fil du temps une valeur sûre sur la place des Festivals.

$ 50 à 60	*Ouvert tous les jours midi et soir*	*Terrasse, brunch*

Cuisine
chinoise

Bon Blé Riz

1437 boulevard Saint-Laurent, Montréal, 514-844-1447

Il suffirait pourtant de presque rien pour que ce petit restaurant chinois retrouve un certain lustre terni avec le temps et les années. Les propriétaires ont adopté le Québec, sa langue et ses coutumes, mais le décor très chinois est passablement dépassé avec ses tons de rouge si populaires en Chine, présents tant sur les nappes qu'un peu partout sur les murs. Heureusement pour nous, les filles de la maison assurent qu'elles prendront la relève et moderniseront les lieux.

Les habitués comme moi y sentent un certain attachement pour la constance exemplaire dans les plats servis depuis plus de 25 ans, comme ce délicieux poulet croustillant à l'érable et au gingembre adapté au pays. On y sert comme partout le «fameux» poulet du Général Tao, mais aussi un bœuf à l'orange, un canard aux mille parfums et des crevettes Sichuan. Oubliez toutefois les desserts, sauf les beignets aux bananes et caramel d'érable.

On y va...

pour les propriétaires toujours aimables et la cuisine simple mais bonne.

La petite carte des vins manque de panache, et spécialement de vins d'Alsace ou davantage de rosés pour consommer avec la cuisine asiatique. Le service, bien articulé en français, est toujours sympathique et agréable, et assuré par les mêmes serveurs présents depuis l'ouverture.

J'espère toujours que les filles de la maison mettront tous leurs charmes et talents dans un renouveau du décor qui commence à devenir antique.

$ 30 à 40 | *Ouvert midi et soir tous les jours*

Soy 👕👕

5258 boulevard Saint-Laurent, Montréal, 514-499-9399,
www.restaurantsoy.com

Au grand bonheur des gastronomes, Suzanne Liu officie aux fourneaux de chez Soy pour nous offrir une des plus belles cuisines chinoises à Montréal. Son établissement est discret, avec un décor simple qui n'offre pas vraiment une grande intimité, mais il affiche depuis plusieurs années une grande constance au niveau culinaire. Et pendant que la chef démontre son talent en cuisine, c'est son mari qui officie en salle et qui veille à ce que tout soit parfait.

La chef Liu propose les grands classiques comme les *dumplings* et «son» poulet du Général Tao, mais c'est surtout la fraîcheur des aliments qu'elle utilise et la façon dont elle les travaille qui fascinent les convives. À chaque visite, c'est une découverte qui ravive les sens et me fait apprécier la culture culinaire asiatique. Ne manquez pas les soupes, qui sont à chaque cuillère un plaisir sans fin.

On y va...
pour la gentillesse de Suzanne Liu et de sa famille, mais surtout pour la cuisine.

En accompagnement, bière chinoise et, à mon avis, pas assez de vins intéressants pour mettre en valeur la cuisine de Suzanne.

$ 30 à 40 | *Ouvert tous les soirs et le midi du lundi au vendredi*

Cuisine
japonaise

Big in Japan

3723 boulevard Saint-Laurent, Montréal, 514-847-2222,
www.biginjapan.ca

On est bien dans un *izakaya* japonais chez Big in Japan, avec son mélange de plats typiques des bistros du Japon et de différentes cuisines asiatiques. D'ailleurs, avec ses banderoles sur les murs, ses banquettes en similicuir et sa cuisine à aire ouverte, on se croirait presque dans une taverne japonaise.

Cet *izakaya* propose des fritures de porc et de crevettes, de la bière japonaise et des *dumplings* au porc qui ressemblent davantage à des *dumplings* chinois que japonais. Pour ne pas être déçu, choisissez les *ramen* que l'on sert avec un thé vert pour presque rien au Japon, tant dans la rue que dans les petits bistros. Servies avec un œuf poché, des herbes, ou encore des algues, ces soupes-repas sont excellentes et sans reproches chez Big in Japan.

On y va...
pour l'exotisme japonais, et si l'on aime le bruit.

Je n'ai pas eu le courage d'essayer le pudding au tofu soyeux, mais ma voisine de table habituée au tofu m'en a fait l'éloge.

Le service est un peu lent et gagnerait à être amélioré. En prime, du bruit et même trop, ce qui empêche toute conversation sérieuse.

$ 25 à 35	Ouvert le midi en semaine et en soirée tous les jours	Très bons cocktails, vins au verre et bières japonaises et de microbrasseries

Jardin Sakura 👕👕

3450 rue Drummond, Montréal, 514-288-9122, www.sakuragardens.com

Même si tous les employés ont l'air japonais, ils ne le sont pas tous sous leurs visages asiatiques, mais cela n'enlève rien à l'authenticité de ce restaurant qui affiche allègrement ses 30 années de culture gastronomique nippone à Montréal.

Après avoir comme au Japon retiré ses chaussures, on s'installe dans l'une des différentes petites salles intimistes et *cosy* avec leurs tatamis. On trouve aussi sur place un très beau «bar à sushis», et deux plus grandes salles où savourer, dans un décor très japonais et zen, une cuisine véritablement japonaise. Outre les sushis, makis et sashimis, toujours frais et bons,

On y va ...

pour s'imprégner de la culture japonaise et pour les bons sakés.

vous pourrez également essayer les tempuras de légumes ou de crevettes, à consommer avec une bière japonaise Asahi ou Sapporo. La cuisine japonaise est vaste et permet des découvertes tant au niveau du tofu que des légumes marinés comme le «daïkon» (radis blanc).

Il est aussi possible, en réservant, d'opter pour le Kaiseki, le repas festif par excellence des Japonais.

Le Jardin Sakura a étoffé sa carte des vins et dispose désormais d'une belle cave qui comprend évidemment aussi de bons sakés. Le thé vert matcha demeure un autre incontournable. Le service ici est attentionné, respectueux et dédié à la clientèle.

 $ 40 à 45 | *Ouvert le midi du lundi au samedi et tous les soirs*

Jun I ♟♟♟

156 avenue Laurier Ouest, Montréal, 514-276-5864, www.juni.ca

Voilà sans aucun doute l'un des deux grands restaurants japonais de Montréal et de ses environs, avec le Petit Tsukiji de Boucherville. Discret, beau garçon et brillant, Juni San est un restaurateur hors norme. Son établissement de l'avenue Laurier dégage une ambiance zen, propice à la détente et l'attente. Le décor est moderne et très agréable, et la musique bonne et discrète. Du comptoir de travail devant la salle, on peut apercevoir le chef, anciennement du défunt restaurant Soto, faire tout un spectacle digne des chefs du marché Tsukiji de Tokyo. Ses stagiaires venus tout droit du Japon ou de Californie suivent le maître comme un mentor.

En effet, Juni San travaille le poisson à la japonaise comme personne et s'assure avant tout de sa fraîcheur. Il ose faire ce que d'autres ont copié depuis, entre autres des sushis ou makis au foie gras de canard, de la longe de porc Nagano aux piments d'Espelette

On y va...
pour les meilleurs sushis en ville et pour un repas en tête-à-tête avec de grands sakés.

et de la glace au thé vert ou au yuzu. On peut aussi apprécier de très bonnes sauces soya, et la surprenante collection de sakés et de vins d'importation privée dont le chef est grand amateur. Pour ma part, il manque néanmoins de choix au menu, ce qui empêche l'amateur d'y retourner plus souvent.

Note : ne pensez pas déguster des sushis exceptionnels pour trois fois rien, cela n'existe pas. Surtout quand, comme ici, ils deviennent de grands plats.

$ 55 à 65	*Ouvert le midi du mardi au vendredi et le soir du lundi au samedi*	*Service de traiteur et possibilité de commander pour emporter*

Kaisen Sushi Bar et Restaurant 🍶

4075 rue Sainte-Catherine Ouest, Montréal, 514-707-8744,
www.70sushi.com

Un grand nombre d'habitués se retrouvent dans ce restaurant qui, avec les années, a su conquérir les amateurs de sushis. Le décor est moderne et met en valeur les matériaux nobles comme le bois, l'acier, le cuir et la pierre. L'ambiance est bonne et les gens ressortent toujours contents.

On ose presque l'impossible dans ce restaurant où les propriétaires se sont dotés d'une fabuleuse cave à vins. Les maîtres sushis s'animent devant nous pour préparer de véritables œuvres d'art qu'ils présentent de façon harmonieuse.

On y va...
le midi quand on souhaite manger des sushis.

Plus d'une soixantaine de sushis, makis et sashimis peuvent être commandés au *sushi bar* pour manger sur place ou emporter, sans oublier le choix de soupes japonaises que l'on sert au restaurant. La traditionnelle soupe miso est un grand classique de la maison, et toujours bonne.

Les dimanche, lundi et mardi soirs, des musiciens de jazz rendent l'atmosphère des lieux encore plus zen et encore plus belle.

| **$ 30 à 45** | *Ouvert midi et soir en semaine et en soirée les samedi et dimanche* | *Bières japonaises et sakés disponibles* |

Kyo Bar Japonais

Le Place d'Armes Hôtel & Suites, 711 côte de la Place-d'Armes, Montréal,
514-282-2711, www.kyobar.com

Prenez un restaurant de cuisine du terroir d'ici qui marche moyennement, ajoutez une touche de décor japonais, conservez les vieilles et belles pierres existantes, modifiez un tantinet le bar, remuez le tout avec un chef asiatique, et hop vous avez le nouveau bistro-bar japonais Kyo, qui se spécialise autant dans les nombreux sakés qu'il propose que dans le mélange des genres de la cuisine asiatique.

Izakaya, c'est de cette façon que l'on qualifie ce type de bistro qui permet d'apprécier aussi bien des makis, sushis et sashimis que de l'aile de raie frite (excellente d'ailleurs) ou encore du porc braisé avec une bonne bière Sapporo. Oui c'est bon, le service est agréable sans être prétentieux, et les plats sont un peu moins chers que dans un grand restaurant japonais.

On y va ...
pour l'ambiance
et pour le choix de
sakés.

Même si l'esprit qui y règne n'est pas uniquement japonisant, l'atmosphère est fort sympathique et rassembleur pour un groupe d'amis qui veulent manger différemment. Au dessert, commandez les beignets au yuzu et au sésame noir qui sont, en finale, complètement déconcertants.

$ 35 à 45 | *Ouvert le soir du lundi au samedi* | *Plus de 25 sakés proposés*

Mikado 🍶

399 avenue Laurier Ouest, Montréal, 514-279-4809,
www.mikadomontreal.com, plus deux autres succursales à Montréal

Si vous êtes comme moi un fan de la cuisine japonaise, il y a beaucoup de chance que le Mikado vous convienne. Désormais, il existe trois succursales à Montréal de cet établissement passé maître dans l'art culinaire nippon. Le décor de chacune, à l'image du Japon, dénote beaucoup de goût et de sérénité, et est parfait pour passer de magnifiques moments en ces lieux. On y trouve de petits salons privés à la japonaise qui permettent l'isolement sur tatamis, mais aussi des salles pour les réceptions.

À découvrir: toute la série des sushis, sashimis et nouilles japonaises, le tempura de crevettes et surtout le crabe pané à carapace molle, servi avec une sauce au gingembre.

On y va...
pour la constance dans les makis et autres sushis, mais aussi pour le choix de sakés.

Vous pouvez aussi opter pour le menu «omakasé», qui permet aux chefs de créer en fonction des produits disponibles un menu spécial pour vous.

Merveilleux choix de vins pour un restaurant japonais, mais surtout une carte unique de sakés importés. Grand choix de thés et de bières japonaises.

Ce restaurant de l'avenue Laurier est devenu au fil du temps une véritable institution et demeure une valeur sûre tant pour les initiés que pour les amoureux de cuisine japonaise de passage.

| **$ 40 à 55** | *Ouvert midi et soir en semaine et en soirée les samedi et dimanche* | *Services de traiteur et de livraison, plats à emporter* |

Park ♟♟♟

378 avenue Victoria, Wesmount, 514-750-7534,
www.vicpark.com

Le chef Antonio Park est sans aucun doute un grand profes-sionnel, et il le démontre dans son établissement toujours complet de l'avenue Victoria. L'endroit très zen présente un mélange de bois et de métal et est doté d'un grand comptoir qui traverse la salle à manger.

On croit avoir gagné son ciel chez Park, où l'on vit de grands instants de bonheur gourmand. Le chef nous propose un mélange de cultures alimentaires avec son amalgame de cuisines coréenne, japonaise et européenne, le tout préparé avec des produits biologiques locaux ou parfois très exotiques. On assiste à la fusion du yin et du yang, que l'on peut traduire ici en cuisine du froid et du chaud, souvent caramélisé par le feu vif de la torche du chef. À déguster : du filet de saumon sauvage au très bon soya et à l'érable, beaucoup

On y va ...

pour vivre de grandes émotions gourmandes.

de poissons crus sous forme de sashimi ou de sushi avec une touche chaque fois différente de ce que l'on retrouve habituelle-ment dans les restaurants de sushis, des pétoncles princesse en coquille, des légumes marinés, des fines herbes, de la moutarde japonaise...

Voilà du grand art culinaire, et le résultat est tout simplement divin. Les saveurs s'affrontent, et tous ceux et celles qui sont attirés par la cuisine originale voudront découvrir le phéno-mène Park.

| **$ 45 à 65** | *Ouvert le midi et le soir du lundi au samedi, et pour le brunch le samedi* | *Bon choix de bières asiatiques et de vins* |

Le Petit Tsukiji 🍴🍴

1052 rue Lionel-Daunais, local 402, Boucherville, 450-906-0980,
http://lepetittsukiji.minhou-tech.com

Tous ceux qui vont un jour à Tokyo rêvent d'y découvrir le célèbre marché Tsukiji, plus beau marché de poissons au monde. C'est en hommage à ce marché et à la fraîcheur légendaire de ses produits que le chef et patron Van Amtel a nommé son restaurant installé dans ce quartier en plein développement de Boucherville. Il y offre une superbe cuisine japonaise et des sushis exemplaires de qualité et de fraîcheur.

Joliment décoré de bambous, le restaurant est moderne comme le complexe dans lequel il est situé. Chaque jour installé dans sa cuisine de préparation face à la salle à manger, le chef laisse aller sa créativité pour dresser le menu du jour selon ses trouvailles du marché ou encore ses coups de cœur. À chacune de mes visites, je lui laisse la pleine latitude pour qu'il me prépare « sa » cuisine.

On y va ...
pour la qualité exemplaire de la cuisine et la gentillesse du service.

Le problème avec le chef proprio Van Amtel est son manque de confiance en lui et sa sous-médiatisation. Avec Juni San à Montréal, ce chef vous concocte la meilleure cuisine japonaise qui soit. D'une justesse tant au niveau de la cuisson des viandes ou des légumes que sur les poissons crus qu'il prépare à la minute, c'est un véritable délice que de savourer sa cuisine et son art. Seul bémol, c'est parfois un peu long.

$ 40 à 45 *Ouvert le midi du mardi au vendredi et le soir du mardi au dimanche*

Sata Sushi

3349 rue Ontario Est, Montréal, 514-510-7282, www.satasushi.com

Il y a sushis et soucis. Mes soucis à moi sont de trouver de petites perles rares, des endroits inusités où l'on aime se retrouver et d'où l'on ressort heureux. Chez Sata Sushi nous ne sommes pas à Tokyo ou Kobé, mais bien dans la rue Ontario, dans l'est de Montréal. Cet endroit étroit et simple, bien que joliment décoré, pourrait nous faire croire le contraire.

Ici un bar se prolonge et cache la cuisine où sont préparés les makis, sushis et autres recettes à consonance nippone adaptées à la façon montréalaise. L'éclairage trop tamisé ne permet pas de rendre justice aux mains expertes qui préparent ces spécialités.

Le maki au thon albacore est grillé au chalumeau, et le riz vinaigré, préparé dans une micro-cuisine par une jeune et jolie Coréenne, est parfait.

On y va ...
pour l'ambiance et pour bien manger en tête-à-tête, mais pas pour les desserts.

Il manque néanmoins cette touche magique qu'ont les authentiques « bars à sushis » qui n'hésitent pas à préparer la dorade, le maquereau, l'anguille ou la sardine. Celui-ci reste dans les classiques gagnants que sont le saumon, le thon, le crabe et autres crevettes.

À noter le beau mais petit choix de vins, bien sélectionnés avec notamment des vins importés offerts à juste prix.

Oui c'est bon, c'est copieux, et le prix à payer est justifié pour passer une charmante soirée en tout aussi charmante compagnie.

$ 35 à 40 | *Ouvert le soir du mardi au dimanche*

Tri Express 🍜

1650 avenue Laurier Est, Montréal, 514-528-5641,
www.triexpressrestaurant.com

Un Vietnamien (Monsieur Tri) qui fabule sur la cuisine japonaise et qui décide de faire découvrir aux Montréalais sa version de concevoir les sushis, *banzai*! Voilà, comme quelques autres établissements de cette avenue mythique de Montréal, un endroit à retenir.

Ce tout petit resto un peu kitsch offre des produits de qualité et une ambiance qui sait charmer le voyageur gourmet. Attention, vous ne trouverez pas de grandes nappes blanches, de verrerie fine ou de grand service ici. Et c'est bien dommage, mais pas

On y va ...
pour rencontrer Monsieur Tri et découvrir ses très bons sushis.

de bières ni de sakés non plus. C'est le choix de Monsieur Tri qui fonctionne ainsi depuis de nombreuses années, au risque de perdre quelques clients... Le bon thé vert ou noir ainsi que les soupes peuvent toutefois facilement nous faire oublier la *'tite* bière mon minou.

Laissez faire le chef qui vous proposera ses sushis du jour ou encore de la semaine, et n'hésitez pas à commander pour emporter les plats ou préparations qui vous charment.

$ 30 à 40

Ouvert midi et soir du mardi au vendredi et en soirée les samedi et dimanche

Autres cuisines internationales

Bier Markt

1221 boulevard René-Lévesque, Montréal, 514-864-7575,
http://lebiermarkt.com

Si vous aimez le joli monde, les beaux plateaux de charcuteries et les belles bières, vous êtes au bon endroit. On vous offre en ce haut lieu brassicole plus de 150 bières différentes issues de 30 pays. Certes, on ne parle pas de grand restaurant à nappe blanche, mais bien d'un concept fort sympathique qui marche aussi très bien à Toronto et qui invite à la fête et à la relaxation entre amis.

On pourrait fort bien se penser dans un restaurant sur la Grand-Place de Bruxelles, avec la même décoration de murs de pierres, de bois et d'éclairage tamisé. Ouf, heureusement qu'on ne fume plus à l'intérieur, ici ou là-bas.

On y va ...

pour l'ambiance spéciale, pour apprécier autant les bières des micro-brasseries que celles d'importation, mais surtout pour la qualité et la rotation des bières pression.

Selon moi, c'est un trop grand choix de plats qui est proposé ici à une clientèle très cosmopolite, branchée sur le hockey les soirs de matchs du Canadien et passablement bruyante.

J'ai goûté et apprécié la tarte flambée alsacienne (*flamme-kueche*) comme on la retrouve à Colmar. Huîtres, moules, rôti de porc, ailes de poulet et de beaux plateaux de charcuteries locales ainsi que de fromages du Québec s'intègrent fort bien dans ce concept sans fausse note.

$ 38 à 45   *Ouvert le midi et le soir tous les jours*

Brit & Chips

433 rue McGill, Montréal, 514-840-1001, www.britandchips.com

Voilà pour ma part le resto qui sert le meilleur *fish and chips* à Montréal. De la morue en passant par l'aiglefin, le saumon ou le merlu, le *fish and chips* ici est à son meilleur, ni trop gras ni trop sec, avec une panure légère et croustillante.

Il se donne parfois même des saveurs d'érable ou de bière Guinness, et d'ailleurs, si la bière coule à flots ici, on peut tout aussi bien y retrouver des condiments et à-côtés *British* comme la fameuse moutarde anglaise Colman's, du vinaigre de malt, des bonbons, et plus encore. Fait à noter, le poisson est servi comme il le faut pour l'emporter dans des feuilles de papier journal (en anglais, bien sûr).

Le décor est celui d'un pub sans que l'établissement en soit vraiment un : tables de bois, photos de pêche, et souvent, dès que le service commence, une file de passionnés qui viennent pour le poisson pané, mais aussi pour les acras de morue, les *pies* et tout le reste.

On y va …

pour le fish and chips *et pour l'ambiance extra!*

C'est la vraie cuisine d'un pub anglais : il manque juste une bonne *steak and kidney pie* et l'effet serait parfait.

$ 20 à 28	*Ouvert tous les jours le midi et le soir*	*Petite terrasse devant le restaurant en été*

Chao Phraya

50 avenue Laurier Ouest, Montréal, 514-272-5339,
www.chao-phraya.com

Il faut aimer comme moi la Thaïlande et sa cuisine pour apprécier les recettes thaïes du Chao Phraya. Depuis quelques années, les patrons ont remodelé le décor du restaurant pour lui donner un air moderne, ils ont ajouté un cellier, trop rapproché les tables et orné les murs en ajoutant des fresques et tableaux qui représentent le pays. Mais honnêtement, ce décor passe-partout n'a rien pour me jeter par terre.

Les propriétaires thaïs se sont très bien adaptés à la réalité québécoise. Ils ont évolué dans leur style et nous proposent une cuisine plus asiatique que thaïlandaise et ajustée à notre continent. La sélection est à l'image des restaurants chinois, soit à n'en plus finir. On tourne les pages que l'on oublie aussitôt, et on demeure sur les valeurs connues. Les calmars au cari rouge, le pad thaï, le poulet sauté et les poissons demeurent pour ma part les points forts du menu.

On y va...
pour la cuisine, mais pas vraiment pour la déco.

D'ailleurs, le Chao Phraya reste classique tant dans ses plats que dans le choix des assiettes qui les présentent. Ici, pas de fantaisie décorative pour les plats de service, et il demeure loin du Japon ou de la Corée au niveau des décors.

Comme dans la plupart des restaurants asiatiques, les desserts sont nuls ou pour le moins décevants, avec leurs litchis en boîte qui n'ont plus rien d'exotique.

$ 30 à 45   *Ouvert tous les soirs*

ChuChai

4088 rue Saint-Denis, Montréal, 514-843-4194, www.chuchai.com

Il me faut vous l'avouer, je suis plus carnivore que végétarien, bien que j'adore les légumes, le riz, la semoule et le quinoa. Tout sauf le tofu, avec lequel j'ai quelques difficultés au niveau du goût. En fait, selon moi le tofu ne goûte rien sauf les épices ou les sauces qui l'accompagnent. Et pourtant, j'apprécie ce restaurant qui se situe entre la cuisine indienne, thaïe et actuelle.

Le décor présente un mélange insolite de fresques éléphantesques qui illustrent la Thaïlande, de tables et de meubles très urbains et actuels, ainsi qu'un grand bar où il est possible de s'attabler pour prendre un verre ou manger.

Lily Sirikittikul, c'est la chef qui prépare avec délectation des plats dignes des grandes cuisines. Je n'aime pas les plats tels que ceux qui se composent de « simili » poulet ou de « simili » bœuf. Pour les purs et durs comme moi, mieux vaut commander les bonnes pâtes comme savent les faire les cuisinières en Thaïlande, les plats de légumes comme la salade de mangues et pommes vertes, ou encore les algues de mer frites, qui sont tout simplement délicieuses.

On y va ...

pour respecter ses convictions végétariennes ou pour découvrir l'expérience de consommer sans viande.

$ 30 à 45	Ouvert midi et soir du mardi au samedi	Terrasse

Daou

2373 boulevard Marcel-Laurin, Montréal, 514-334-1199;
519 rue Faillon Est, Montréal, 514-276-8310

Rien de très beau ou d'alléchant au niveau du décor des deux restaurants Daou, qui servent souvent de cadre pour des noces libanaises et moyen-orientales dans lesquelles se retrouvent souvent mêlés de pauvres clients comme moi, oubliés dans la tourmente arabe. C'est trop souvent bruyant et, en plus, avec la télévision qui passe en boucle certains feuilletons du pays, cela désarme le consommateur que je suis. Et pourtant, la cuisine que l'on y sert est bonne et demeure sûrement la meilleure du genre à Montréal. D'ailleurs, je sais que la famille Angélil-Dion s'approvisionne souvent en *falafels*, *houmous* et salades *fattouche* chez Daou.

On y va ...
pour goûter aux feuilles de vigne et à l'houmous *aux* pignons.

Ce sont les filles de la défunte fondatrice Alice Daou qui assurent désormais la relève dans les deux restaurants de cuisine libanaise de leur mère. Au menu on a conservé les plats de tradition familiale, comme les fameux *baba ganoush*, les feuilles de vigne farcies ou les *kefta* d'agneau. Le service est toutefois distant et peine à répondre aux questions. Dommage, car les vins libanais que j'adore et qui sont souvent absents à la SAQ sauf exception sont ici offerts à bon prix.

$ 25 à 40   *Ouvert midi et soir du mardi au dimanche*

Ikanos 🛎 ½

*112 rue McGill, local 1, Montréal, 514-842-0867,
www.restaurantikanos.com*

Voilà le nouveau bébé de l'équipe du défunt Tasso bar à mezze qui arrive dans ce secteur à la mode de la rue McGill. Ikanos affiche un décor moderne et contemporain, sans vraiment de flons-flons, avec des chaises et tables de bois et des luminaires modernes suspendus au plafond du bar.

Comme au Tasso, on s'inspire de la fraîcheur de la Méditerranée et de ces îles idylliques que sont celles de la Grèce. Le chef-propriétaire Constant Mentzas mise sur les forces de son ancien restaurant, sur la qualité du poisson souvent apprêté en grillade et sur son nouveau four à bois qui permet des cuissons sans précipitation.

Vous pourrez notamment déguster des poissons comme la morue charbonnière et le loup de mer grillés au Josper, le célèbre four à bois de la maison, ou des petits plats avec des huîtres ou de la pieuvre grillée, une spécialité depuis longtemps chez Tasso. Autre création des plus intéressantes : les ris de veau servis avec une salade de chou-fleur et un jus de veau au beurre noisette, tout simplement divin.

> *On y va...*
> *pour apprécier les mezze qu'il vous faudra partager avec le groupe assis à côté de vous.*

Un *p'tit* vin grec avec ça ? Pourquoi pas, si le serveur arrive à vous convaincre comme il a essayé avec le retsina, ce vin tiré du cépage savatiano dans lequel on ajoute de la résine de pin, d'où son nom, sans néanmoins me persuader d'un tel bien fondé. Très belle cave néanmoins, au prix du marché. Service courtois et attentionné.

Le café fort bon fera l'affaire en guise de dessert.

| **$ 35 à 45** | *Ouvert le midi du lundi au vendredi et le soir du lundi au samedi* |

Julieta Cuisine Latine

67 rue Beaubien Est, Montréal, 514-507-5517,
www.julietacuisinelatine.ca

C'est la mode de la cuisine latine présentement au niveau international, surtout pour la cuisine péruvienne qui vit ses heures de gloire avec de grands chefs. Chez Julieta, on découvre avec plaisir un petit restaurant de quartier sympathique et sans prétention qui, dans un décor simple et agréable, propose un mélange de saveurs du Venezuela, de l'Argentine, de la Colombie et du Pérou.

J'aime y savourer la soupe maison aux crevettes et lait de coco, la queue de bœuf braisée, le maïs en galette qui porte le nom de *cachapa* et le quinoa.

On y va...
pour voyager dans la cuisine de l'Amérique latine.

Les *huitlacloches*, ces petits champignons parfumés que l'on retrouve aussi au Mexique sur les pieds de maïs, sont ici merveilleusement cuisinés avec maïs et crevettes. Que ferait-on dans la cuisine latino si le maïs n'existait pas? Il faudrait l'inventer.

Fait à noter, la cuisine est sans gluten. Réservez car la capacité d'accueil du restaurant est petite.

$ 25 à 30

Ouvert le soir du mercredi au samedi et pour le brunch les samedi et dimanche

Maison Indian Curry 🍺

996 rue Jean-Talon Ouest, Montréal, 514-273-0004,
www.maisonindiancurry.ca

La cuisine indienne a souvent mauvaise réputation à Montréal. Pourtant, quoi de mieux qu'un bon et vrai curry de légumes, de poisson ou de poulet? Si comme moi vous aimez l'exotisme de l'Inde et les saveurs que ses épices et masalas procurent, alors vous êtes à la bonne enseigne à la Maison Indian Curry.

On ne prétend pas ici vous amener dans les chics restaurants de Bombay, mais bien dans un petit resto bien simple et tellement sympathique qu'on y revient dès que possible. Le service familial est à l'image du reste, bon et sans prétention.

Le pain *naan* est cuit dans un four *tandoori*, et les lentilles cuites au beurre et servies avec de la coriandre sont un vrai délice, tout comme le *biryani* aux crevettes que l'on prend avec un thé noir ou une bière Cheetah.

On y va ...
avant tout pour manger un bon curry.

Il ne vous en coûtera que quelques dollars ici pour vivre une expérience gustative chargée en piments.

$ 20 à 30	Ouvert midi et soir tous les jours	Bières et thés

Milos

5357 avenue du Parc, Montréal, 514-272-3522, www.milos.ca

Ce restaurant de poissons appartient à une certaine époque et tarde à se renouveler. Cependant il faut l'avouer, Milos demeure Milos et propose toujours une qualité de poissons et de fruits de mer inégalée, sauf peut-être par ses prix qui peuvent atteindre l'Himalaya. Heureusement, depuis quelque temps, on y propose des tables d'hôte très accessibles le midi et le soir après 22h. Il reste que le service, malgré la quantité de serveurs présents, est inégal.

Dans ce restaurant mythique de l'avenue du Parc, le décor est classique, presque trop avec ses lumières tamisées, son banc

On y va...
avant tout pour le poisson, avec un portefeuille bien garni.

de poissons et sa musique qui rappelle aux nostalgiques les îles grecques et le pays de l'olivier. D'ailleurs, on utilise et on vend une belle sélection de produits importés des îles, comme l'excellente huile d'olive maison («L'huile de ma sœur»), du miel et des fines herbes, des vins d'importation, du retsina, et plus encore.

Si vous le pouvez, demandez que l'on vous prépare la dorade royale, le mérou, la pieuvre ou les crabes à carapace molle importés de Floride. Pour ma part, j'ai un coup de cœur pour les câpres de Santorini, un pur délice de finesse et de goût.

Vu le manque de vrais restaurants de poissons à Montréal et en banlieue, je demeure attaché à ce restaurant malgré ses défauts.

$ 70 à 80,
menus à prix réduits le midi et tard en soirée

Ouvert tous les soirs et le midi du lundi au samedi

Très bon choix de vins grecs importés par le propriétaire

Restaurant Gandhi

230 rue Saint-Paul Ouest, Montréal, 514-845-5866,
www.restaurantgandhi.com

Si vous aimez l'Inde et sa cuisine, ce restaurant situé au cœur du Vieux-Montréal va certes vous charmer avec ses nappes blanches, ses serviettes de coton, sa vaisselle de qualité, son décor agrémenté d'alcôves et les belles pièces de collection qui ornent ses murs. Cet établissement séparé en plusieurs salles offre un cadre calme et presque zen, parfait pour un tête-à-tête. Le personnel de salle vous parlera en français et vous expliquera les rudiments de la cuisine indienne. Ne soyez pas surpris si le maître d'hôtel, un homme de talent, appelle toutes les femmes «Mademoiselle». Même si ces femmes ont parfois depuis très longtemps l'âge de raison, elles se laissent charmer.

Peu importe qu'on choisisse la traditionnelle soupe *dal* aux lentilles, les pains indiens, les *tandoori* ou l'un des divers currys que propose le menu, on se retrouve facilement en Inde dans un tel contexte. Le service est soigné et attentionné, et il ne faut pas hésiter à se faire expliquer les divers plats offerts chez Gandhi. Très bon choix de vins au verre ou à la bouteille, et une excellente sélection de thés à essayer.

On y va...
pour l'ambiance romantique et le poulet au beurre.

Pour ma part, je consomme chez Gandhi l'excellente bière indienne avec un curry ou des crevettes aux piments. Attention cependant aux éclaboussures qui tachent la chemise ou la cravate!

$ 40 à 55 | *Ouvert le midi en semaine et tous les soirs*

Restaurant SU 🍴

5145 rue Wellington, Verdun, 514-362-1818, www.restaurantsu.com

Eh oui, ça bouge à Verdun, là où les bons restaurants se suivent sans se ressembler. Si on ne m'avait pas invité pour me faire connaître ce nouveau resto, je ne l'aurais peut-être jamais découvert. Sa chef, Fisun Ercan, tente à prouver aux Montréalais qu'il existe une cuisine turque comme il existe une cuisine marocaine, même si elle est malheureusement trop absente dans la métropole et dans ce guide gastronomique.

Les épices sont mises de l'avant dans les *meze* que propose la carte du SU : poivron rouge grillé, *tzatziki* avec épinards et huile d'olive, ou encore le *fava*, une purée de gourganes avec huile d'olive, aneth et oignons caramélisés qu'il vous faut absolument commander. Un délice à consommer avec du pain *pita*. Le *kebab* d'agneau de Kamouraska servi avec une purée d'aubergines est une autre belle réussite.

On y va...

pour les **meze** et pour découvrir une cuisine dédiée aux épices.

Côté décor, c'est bleu et gris avec des assiettes du pays représentant des arabesques. Essayez les vins turcs, une découverte pour moi, même s'il reste encore du travail à faire avant de pouvoir les comparer avec les vins libanais.

$ 30 à 45   *Ouvert le soir du mardi au samedi et pour le brunch les samedi et dimanche*

80 découvertes gourmandes

Alcools 176

Articles de cuisine 177

Ateliers et cours de cuisine 177

Boucheries, charcuteries et
  poissonneries 178

Boulangeries, pâtisseries
  (et les meilleurs croissants!) 182

Cabanes à sucre 188

Chocolateries 188

Crêpes et sandwichs 189

Épiceries et marchés 191

Fromageries 196

Fruiteries 198

Glaciers 199

Librairie 200

Maison de thé 201

Traiteurs 201

Pour découvrir la génération
  montante des chefs 202

Alcools

Le bièrologue *de la rue Ontario*

On pourrait se croire dans un magasin général comme il en existait jadis. Par contre, ici c'est la bière la reine des lieux. Elle prédomine sur les tablettes et représente pas mal toutes les régions du Québec. J'adore cette boutique de la rue Ontario tenue par David Deschênes, qui propose son hommage aux artisans brasseurs québécois. À découvrir : bières locales, cidres du Québec et une foule de produits magnifiques dont des sirops d'érable, des épices et des saucissons. Attention au danger! Une fois entré à l'intérieur des murs, vous ne savez jamais quand vous ressortirez.

Le Bièrologue, *4301 rue Ontario Est, Montréal, www.lebierologue.com*

Le rendez-vous des mixologues

Sur le Plateau, on découvre ce comptoir unique qui réunit « mixologues » et amateurs de sensations olfactives. Fabien est un magicien du cocktail, et il n'hésite pas à mélanger les épices et les condiments qu'il sait combiner en harmonie avec des fruits, des alcools et même de la bière pour rehausser leurs goûts et saveurs. On peut l'inviter, lui et son équipe, pour des soirées privées où subitement le cocktail fume, pétille et s'installe dans la chaleur du jour ou de la nuit. Bières de microbrasseries et membre de la Route de l'érable.

Le LAB, Comptoir à cocktails, *1351 rue Rachel Est, Montréal, 514-544-1333, http://lab.mixoart.com*

De tout pour les amateurs de vin

Chez Vinum Design, tout est là pour les amateurs de vin et tout ce qui touche la science de l'œnologie. Dépositaires des verres Riedel et de carafes en cristal, fabricants de caves et de celliers sur mesure et à tous les prix, ces pionniers montréalais des arts de la table et spécifiquement du vin jouent la carte de la qualité et du service. On y trouve les grandes marques comme Peugeot, les Forges de Laguiole, Alessi, etc.

Vinum Design, *1480 rue City Councillors, Montréal, 514-985-3200, www.vinumdesign.com*

Articles de cuisine

La quincaillerie qui n'en est pas une

Peu importe que l'on y aille pour la maman Elena ou le fils Stefano Faita, qui passe de façon occasionnelle voir sa mère, c'est la quincaillerie italienne par excellence dans le coin du marché Jean-Talon. On y trouve autant des machines à café que des machines pour faire ses pâtes, ainsi que du petit matériel de cuisine, des livres et parfois même Josée di Stasio en personne. Des cours de cuisine italienne sont proposés sur place.

Quincaillerie Dante, *6851 rue Saint-Dominique, Montréal, 514-271-2057*

Une boutique pour la cuisine

Les Touilleurs, une des très belles boutiques de Montréal, rassemble les amateurs et les gourmets. On y trouve tout le nécessaire pour touiller et cuisiner. Couteaux, casseroles, matériel et cours de cuisine, livres de recettes ou produits fins alimentaires, demandez-leur n'importe quoi et soyez assuré qu'ils vont vous le trouver.

Les Touilleurs, *152 avenue Laurier Ouest, Montréal, 514-278-0008, www.lestouilleurs.com*

Ateliers et cours de cuisine

In vino veritas

C'est sans aucun doute une grande référence pour ceux ou celles qui souhaitent suivre des cours ou encore se perfectionner avec les plus grands spécialistes d'ici. On propose des cours de différents niveaux, tant pour les débutants que pour ceux qui désirent, par exemple, approfondir leurs connaissances des vins du Nouveau Monde.

L'Amicale des Sommeliers du Québec, *les lieux où se tiennent les cours varient, 514-522-7020, www.amicaledessommeliers.com*

L'Atelier culinaire du DIX30

Dans ce grand centre commercial qu'est le Quartier DIX30, l'Atelier culinaire offre une grande diversité de cours pour tous les âges et adaptés à toutes les bourses et à toutes les occasions. Les cours de cuisine (pâtisserie, chocolaterie et autres) se donnent dans un environnement moderne et bien outillé. À découvrir.

Atelier culinaire, *8900 boulevard Leduc, local 40, Brossard, 450-656-6161, http://aculinaire.com*

Ateliers & Saveurs, des cours pour tous

Que ce soit dans le Vieux-Montréal ou à Québec, ce groupe fort sympathique propose des cours de cuisine adaptés au rythme de la vie et de vos finances. Ainsi, il donne des cours aussi bien sur les vins que sur la cuisine, abordant des thèmes diversifiés qui vont de la cuisine asiatique aux grands classiques (français, italiens et autres). Entre midi et 13h, on cuisine et on mange.

Ateliers & Saveurs, *444 rue Saint-François-Xavier, Montréal, 514-849-2866, www.atelierssetsaveurs.com*

Boucheries, charcuteries et poissonneries

Claude et Henri, pareil comme avant

Il ne faut pas négliger le deuxième étage du marché Atwater, qui est avant tout l'espace des boucheries. Claude et Henri offrent ce qui se fait de mieux en matière de choix de viandes et de volailles, mais proposent aussi du foie gras, des pâtés et d'autres préparations, et encore plus durant le temps des Fêtes.

Boucherie Claude et Henri, *marché Atwater, 138 avenue Atwater, Montréal, 514-933-0386*

La Boucherie de Tours de Pierrot

Dans son tout petit coin du deuxième étage au marché Atwater, Pierrot Fortier, ce grand professionnel de la boucherie, a su se forger une clientèle qui ne jure que par lui. Veau de lait, viande mûrie, foie gras ou os à moelle, chez lui tout est possible. Réservez votre pot-au-feu, une macreuse pour braiser, ou encore de belles pommes de ris de veau à cuisiner avec des morilles ou chanterelles du Québec.

Boucherie de Tours, *marché Atwater, 138 avenue Atwater, Montréal,* *514-931-4406, www.boucheriedetours.ca*

Lawrence : pas juste un resto, mais une boucherie à mon goût

On connaît bien le restaurant Lawrence (voir p. 57) pour la qualité de sa nourriture, mais un peu moins cette boucherie qui pourtant mérite vraiment un détour. Plus qu'une boucherie avec ses viandes locales et sans hormones, on y découvre des produits comme du cœur de bœuf mariné, des saucisses fumées à l'ancienne, du pastrami de langue de bœuf et toute une panoplie de charcuteries sans additifs. J'aime et j'y reviens.

Boucherie Lawrence, *5237 boulevard Saint-Laurent, Montréal,* *514-277-8880, http://boucherielawrence.com*

Un maître de la viande et de l'épicerie dans NDG

Quelle belle boutique que celle du Maître Boucher de l'avenue de Monkland dans le quartier Notre-Dame-de-Grâce. On y trouve bien entendu un choix incroyable de coupes de viandes et d'excellentes charcuteries, mais aussi des produits locaux et importés, une section fruits et légumes et des fromages fins. Grand choix d'huiles d'olive, de vinaigres fins et bien plus encore.

Le Maître Boucher, *5719 avenue de Monkland, Montréal,* *514-487-1437, www.lemaitreboucher.com*

De la viande de bœuf mûrie à point

En élargissant son choix de coupes, Marc Bourg a beaucoup évolué dans sa boucherie où il permet à ses viandes de se bonifier. D'ailleurs, il a été un des premiers à oser affiner son bœuf durant plusieurs mois. Son concept de boucherie à l'ancienne, véritable musée, est tout à fait unique et permet aux amateurs de viande d'exception d'y trouver le meilleur bœuf pour leur assiette.

Le Marchand du Bourg, *1661 rue Beaubien Est, Montréal, 514-439-3373, www.marchanddubourg.com*

Du poisson frais et des huîtres

Établie sur l'avenue du Parc, voici certainement l'une des meilleures poissonneries de Montréal. Le poisson y est toujours frais, et on y trouve un des meilleurs saumons fumés du Québec, des huîtres des Îles et, en saison, du crabe des neiges et du homard des Îles et de la Gaspésie. Réfection de la boutique cette année pour offrir aux clients assidus un choix encore meilleur.

Nouveau Falero, *5726-A avenue du Parc, Montréal, 514-274-5541, www.falero.ca*

La boucherie de Longueuil

C'est une belle famille qui s'occupe avec brio de cette boucherie et épicerie fine. On y trouve de tout, mais ce sont avant tout les produits de qualité en épicerie et les coupes de viande qui attirent les amateurs dans ce commerce d'exception.

Aux saveurs des Sévelin, *1575 boulevard Jacques-Cartier Est, Longueuil, 450-448-3918, www.boucheriesevelin.com*

Les charcuteries de Benoît

Benoît Tétard, c'est un vrai charcutier de métier qui charcute pour nous le meilleur du cochon, de la tête à la queue. Il fait des saucisses chipolatas, mais aussi un jambon comme autrefois ou encore du vrai bon boudin au sang de porc. On peut également apprécier son foie gras de canard au torchon en tout temps et d'oie durant les Fêtes, et de bons petits plats cuisinés pour tous les instants.

La Queue de Cochon, *6400 rue Saint-Hubert, Montréal, 514-527-2252*

La Mer qu'on voit danser sur l'avenue Papineau

Une multitude de chefs renommés viennent y acheter leur poisson, leur crabe mou, ou encore parfois leurs écrevisses, leurs sardines du Portugal ou leur saumon biologique. En plus d'être une épicerie où l'on trouve des produits aussi bien de France que d'Italie et du Japon, la Poissonnerie La Mer offre un grand choix d'huîtres en provenance de partout dans le monde, notamment les huîtres et moules de l'éleveur Christian Vigneau des Îles de la Madeleine, parmi les meilleures au Canada. Sans oublier des couteaux, des palourdes, des crevettes... et le meilleur poissonnier marocain, Nabil de son prénom, pour préparer sur mesure votre poisson.

Poissonnerie La Mer, *1840 boulevard René-Lévesque Est, Montréal, 514-522-3003, www.lamer.ca*

La poissonnerie de Saint-Lambert

Installée ici depuis plus de 45 ans, la Poissonnerie René Marchand est une institution de l'avenue Victoria à Saint-Lambert. On y trouve une grande variété d'huîtres, divers coquillages, des arrivages de poissons frais tous les jours, du saumon fumé maison, des plateaux de fruits de mer et une grande gamme de produits d'épicerie liés à l'apprêt des produits marins. À découvrir, les langoustines d'Islande et les crevettes d'eau froide.

Poissonnerie René Marchand, *1455 avenue Victoria, Saint-Lambert, 450-672-1231, www.poissonneriemarchand.com*

Les meilleures viandes de gibier à Montréal

C'est la place à Montréal pour avoir le meilleur choix de gibiers d'élevage, de volailles, de foies gras, ou encore, durant le temps des Fêtes, pour s'offrir les tourtières de Madame Fernando. On y trouve également des fonds de gibier, du lapin et, mieux encore, des spécialités portugaises, un pays que Fernando affectionne à travers ses souvenirs d'enfance. À découvrir : le pigeon, le cerf de Boileau et la gentillesse de Christian et Fernando.

Volailles et Gibiers Fernando, *116 rue Roy Est, Montréal, 514-843-6652*

Boulangeries, pâtisseries (et les meilleurs croissants!)

Je t'aime à la folie

Voilà un nouveau concept gourmand qui propose dans une boutique très épurée des petits choux farcis, des macarons extra et des tartes aux différentes saveurs qui favorisent le péché de gourmandise. Franchement, y aller c'est avant tout s'assurer d'y retourner.

À la Folie, *1126 avenue du Mont-Royal Est, Montréal, 514-759-9290, http://patisseriealafolie.com*

Du très bon pain du côté d'Hochelaga-Maisonneuve

Un excellent boulanger qui est devenu l'un des premiers fournisseurs des bons restaurants de la ville. On aime y acheter sa baguette, son pain de campagne, ou encore sa fougasse aux olives préparée avec de l'huile d'olive. Depuis peu, Arhoma a ouvert au coin des rues Papineau et Ontario une nouvelle boulangerie (La Fabrique) avec plus d'espace pour consommer sur place, une épicerie fine et encore plus de produits de boulangerie et de pâtisserie et un superbe choix de fromages.

Boulangerie Arhoma, *15 place Simon-Valois, Montréal, 514-526-4662, www.arhoma.ca*

La Fabrique Arhoma, *1700 rue Ontario Est, Montréal, 514-598-1700*

Le froment et la sève

J'aime bien les boulangers qui sont de vrais artisans et qui travaillent fort à gagner leur croûte. La Boulangerie de Froment et de Sève, située rue Beaubien, est toujours en mouvement, derrière le comptoir autant que devant. On y trouve de bons pains confectionnés avec des farines non blanchies, mais aussi une belle sélection de sandwichs, de charcuteries et de fromages dont le magnifique Victor et Berthold. En plus, la boulangerie propose des quiches et des plats prêts-à-manger qui permettent même d'organiser au bureau des petits lunchs d'affaires.

Boulangerie de Froment et de Sève, *2355 rue Beaubien Est, Montréal, 514-722-4301, www.defromentetdeseve.com*

Ils sont fous, ces desserts

Pour un grand nombre de consommateurs, ce sont les meilleurs croissants de Montréal que nous propose la pâtisserie Fous Desserts de l'avenue Laurier. Ce sont, il est vrai, des croissants qui sont bien feuilletés et qui goûtent le beurre; on se croirait chez Lenôtre ou chez Fauchon à Paris, mais on est bien à Montréal. Très bons entremets et sablés au « grué » de cacao.

Fous Desserts, *809 avenue Laurier Est, Montréal, 514-273-9335, www.fousdesserts.com*

Une boulangerie sans gluten!

La tendance est au sans gluten un peu partout. Mode ou réelle intolérance alimentaire, les vrais allergiques savent bien que pour eux les maladies cœliaques sont un vrai casse-tête. Dans cette boulangerie 100% sans gluten, on retrouve, outre le pain, des gâteaux comme ce magnifique quatre-quarts, des viennoiseries et même des entremets et desserts comme ce chocolat poire ou ce chocolat framboise absolument divins.

Boulangerie Le Marquis, *367 rue De Castelnau Est, Montréal, 514- 278-7047, www.boulangerielemarquis.com*

La meilleure baguette qui existe

Installés à Mont-Saint-Hilaire sur la Rive-Sud, les deux associés boulangers derrière la boulangerie Le Pain dans les voiles réalisent des prouesses en nous servant, outre un superbe pain de campagne façon Poilâne, des baguettes et pains au levain, mais aussi des croissants au beurre d'une qualité irréprochable. Ils ont ainsi gagné en France, lors d'un concours international sur le pain, le deuxième prix pour leur baguette. Désormais, et c'est tant mieux, on retrouve aussi Le Pain dans les voiles dans le quartier Villeray à Montréal, proche du marché Jean-Talon, avec les mêmes recettes et, en plus, de magnifiques pizzas cuites sur la sole du four.

Le Pain dans les voiles, *250 rue Saint-Georges, Mont-Saint-Hilaire, 450-281-0779; 357 rue De Castelnau Est, Montréal, 514-278-1515*

Le meilleur gâteau breton en ville

Sur le Plateau Mont-Royal, les effluves de sucre, de beurre et de confitures s'échappent jusque dans la rue. Le kouign-amann, ce gâteau au beurre comme seuls savent le faire les «vrais» boulangers bretons, est ici un pur régal. Bien préparé, il se laisse savourer, tout comme les croissants, les financiers ou les fars au pruneaux, dont seuls les Bretons (vive les chapeaux ronds!) ont encore le secret.

Boulangerie Pâtisserie Au Kouign-Amann, *322 avenue du Mont-Royal Est, Montréal, 514-845-8813*

La croûte de Joe

J'aime ce gars, ce boulanger sympathique qui nous accueille chaque matin dès 6h30 dans sa boutique du marché Jean-Talon. Il vend son pain au poids et travaille son levain avec talent. Sa fougasse aux olives noires, son pain de méteil, ou encore son fameux pain aux châtaignes, sont tous absolument divins. Si vous en avez la chance, découvrez la brioche au beurre qu'il fabrique la fin de semaine. Joe, alias Daniel, est un passionné qui saura vous séduire.

Joe la Croûte, *7024 avenue Casgrain, Montréal, 514-272-9704, www.joelacroute.com*

Les meilleurs bagels en ville

C'est vraiment une question de goût que de choisir ses *bagels* entre ceux de l'avenue Saint-Viateur et ceux de l'avenue Fairmount. Pour ma part, j'aime bien discuter le bout de gras avec les boulangers de St-Viateur et leur patron lorsqu'il quitte sa Floride pour Montréal. Depuis 1957, ils proposent la même recette de *bagels* roulés à la main, ébouillantés, puis cuits au four à bois. Les meilleurs, au sésame ou à l'oignon, sont bons quand ils sont encore chauds et garnis de fromage à la crème et de saumon fumé.

St-Viateur Bagel Shop, *263 avenue Saint-Viateur Ouest, Montréal, 514-276-8044, www.stviateurbagel.com (ouvert 24 heures)*

Les macarons du Point G

Attention ne vous y trompez pas. Ici, «Point G» signifie Point Gourmand. On y fabrique des milliers de macarons, avec même votre photo dessus si vous le voulez, mais aussi d'excellentes glaces dont une à l'érable absolument sublime. D'une grande finesse, les produits s'affichent en couleurs flamboyantes dans la vitrine du commerce qui attire les regards de la rue.

Boutique Point G, *1266 avenue du Mont-Royal Est, Montréal, 514-750-7515, www.boutiquepointg.com*

Les croissants des copains

Une boutique tout en longueur, presque cachée sur l'avenue du Mont-Royal, mais quelle surprise quand vous la découvrez. Des viennoiseries divines qui goûtent le beurre comme il se doit. Fines, croustillantes, on en redemande. Très bons pains et pâtisseries, ainsi qu'une petite boutique d'épicerie fine. Autres succursales dans la rue Rachel et la rue Masson.

Les Co'Pains d'Abord, *1965 avenue du Mont-Royal Est, Montréal, 514-522-1994, http://boulangerielescopainsdabord.com, plus deux autres succursales à Montréal*

L'Amour du pain à Boucherville

Le chef boulanger Michel fait un excellent travail et offre toujours sa fameuse baguette Rétro d'Or faite avec de la farine française. Il propose aussi la Bouchervilloise (un pain au levain) et des croissants parmi les meilleurs de Montréal (Rive-Sud incluse!), de même que des brioches maison et souvent de petites spécialités que l'on découvre surtout la fin de semaine. Avec l'arrivée d'un nouveau pâtissier, la boulangerie connaît une véritable renaissance au niveau du sucré. C'est joliment présenté, et merveilleusement bon.

Boulangerie L'Amour du pain, *393 rue Samuel-de-Champlain, Boucherville, 450-655-6611, www.lamourdupain.com*

Pour découvrir la vraie tarte tropézienne

La pâtisserie Marius et Fanny de Marc Chiecchio n'en est pas à ses premières armes. Ancien chef de la Pâtisserie de Gascogne à Montréal, il navigue désormais à son compte dans trois pâtisseries dans la grande région de Montréal. Il faut essayer sa tarte tropézienne, ses babas au rhum ou ses chocolats fins et nougats.

Marius et Fanny, *4439 rue Saint-Denis, Montréal, 514-844-8247, www.mariusetfanny.com, plus une autre succursale à Montréal et une à Laval*

Le grand pâtissier de Longueuil

Jean-François Mertz est un Compagnon du Tour de France qui sait perpétuer la tradition des grandes pâtisseries de comptoir que l'on nomme millefeuille, saint-honoré ou baba au rhum. À découvrir, son entremets à l'érable et aux pommes. On peut aussi casser la croûte avec des sandwichs, des quiches et un certain choix quotidien de plats cuisinés faits maison. Le tout sous la supervision de sa conjointe Lise.

Ô Gâteries, *364 rue Saint-Charles Ouest, Longueuil, 450-674-8400, www.ogateries.com*

Patrice Demers, le retour

Il voulait avoir depuis longtemps sa boutique et son petit bistro pour y assouvir ses passions gourmandes. Eh bien voilà, c'est fait. Depuis février 2014, il offre dans sa boutique de la Petite-Bourgogne de la grande pâtisserie avec beaucoup de finesse et de recherche, sans omettre les petits pots, caramel compris, qui ont fait son succès au 400 Coups. Pour nous en tout cas, c'est un bon coup qu'il nous fait avec ce bistro qui propose un menu du midi et du soir, ainsi qu'un sympathique choix de vins. Il faut aller voir, malgré le fait qu'il faille parfois attendre plusieurs minutes.

Patrice Pâtissier, *2360 rue Notre-Dame Ouest, local 104, Montréal, 514-439-5434, http://patricepatissier.ca*

Le bonheur est dans le fournil

De Saint-Bruno à Saint-Hubert, on retrouve les deux boutiques de cette belle boulangerie qu'est Pains & Saveurs. Bien plus qu'une boulangerie avec du vrai pain artisanal, on découvre ici une boutique, un café-bistro et un très grand choix de viennoiseries et de pâtisseries. En entrant on salive à l'odeur du bon pain chaud et au plaisir anticipé d'une miche au levain ou d'une baguette croustillante.

Pains & Saveurs, *2130 boulevard De Boucherville, Saint-Bruno, 450-441-4155; 5959 boulevard Cousineau, Saint-Hubert, 450-890-3441; www.painsetsaveurs.ca*

La meilleure galette des Rois à Montréal

Croyez-le ou non, je suis amateur de bon feuilletage et de galette des Rois. Seulement, j'aime quand le feuilletage goûte le beurre, que la crème d'amandes est fine et goûteuse et que l'ensemble est identique d'une fois à l'autre. C'est à force d'y goûter que j'ai trouvé à la Pâtisserie de Nancy, dans le quartier Notre-Dame-de-Grâce, la meilleure galette des Rois en ville. Le roi est mort, vive la reine!

Pâtisserie de Nancy, *5655 avenue de Monkland, Montréal, 514-482-3030*

Une très grande pâtissière sur le Plateau

La Pâtisserie Rhubarbe, c'est dans le moment la meilleure pâtisserie de Montréal. Stéphanie Labelle est une fée du sucré qui a au préalable travaillé en Europe chez les plus grands pâtissiers de l'heure. On aime son feuilletage. Sa brioche feuilletée qui goûte le beurre est unique, et ses entremets sont d'une légèreté coupable; bref, sa pâtisserie est sans aucun doute un aller sans retour vers le purgatoire.

Pâtisserie Rhubarbe, *5091 rue De Lanaudière, Montréal, 514-903-3395, www.patisserierhubarbe.com*

Cabanes à sucre

La cabane à sucre de Martin Picard

En fait, elle se nomme la Cabane à sucre Au Pied de Cochon, et elle connaît un succès sans précédent qui permet à Maître Picard de bien vivre son printemps des sucres. La nourriture plus que copieuse est riche, bonne et cochonne, car ici le porc prend toute son importance. Réservations obligatoires longtemps à l'avance pour espérer obtenir une place.

Cabane à sucre Au Pied de Cochon, *11382 rang de la Fresnière, Saint-Benoît-de-Mirabel, 450-258-1732, www.cabaneasucreaupieddecochon.com*

La cabane du Pic Bois des Pollender

Il n'en reste plus beaucoup, des cabanes familiales avec des érables centenaires, une bonne cuisine maison du temps des sucres, et surtout un esprit convivial qui réjouit l'âme et le cœur. Les Pollender font un superbe sirop, et mieux encore un vinaigre d'érable encore non égalé sur le marché. Pour en profiter, il vous faudra partir sur la Route des vins près de Bromont.

Cabane à sucre du Pic Bois, *1468 chemin Gaspé, Brigham, 450-263-6060, www.cabanedupicbois.com*

Chocolateries

Chloé, la petite chocolatière du Plateau

Chloé s'affiche sans prétention dans sa petite boutique de l'avenue Duluth. Une mini-boutique certes, mais un talent immense. Il faut goûter à son caramel au sel de Guérande, à ses bonbons aux épices comme au piment d'Espelette, à la lavande ou à l'érable. Chloé est aussi fascinante pour organiser des dégustations et même des cours sur le chocolat.

Les Chocolats de Chloé, *546 avenue Duluth Est, Montréal, 514-849-5550, www.leschocolatsdechloe.com*

Monsieur Bonneau et ses incroyables chocolats fins

Le hasard fait parfois bien les choses, car ce sont des amateurs de mon guide gourmand qui m'ont fait connaître cet artiste. Yves Bonneau est un maître dans l'art du chocolat fin. Ses créations sont d'une finesse unique, avec des saveurs incomparables au piment, aux fruits ou encore avec ses pralinés exceptionnels. Il présente dans de véritables écrins ses petits bijoux qui permettent aussi, suivant ses collections, des accords avec des vins tout aussi fins. Moulages exquis lors d'occasions comme Pâques ou la Saint-Valentin.

Chocolaterie Bonneau, *69 rue Fleury Ouest, Montréal, 514- 419-7892, http://chocolateriebonneau.ca*

Un très grand chocolatier

Christophe Morel est sans aucun doute le magicien du chocolat à Montréal. À quand sa propre boutique, à celui qui fournit une quantité de restaurants, d'hôtels, de pâtissiers et de chocolatiers à travers la province? Ce maître à penser joue avec les fèves dont les plus grandes proviennent du Pérou, de Cuba ou de découvertes de crus qu'il fait régulièrement. Il conjugue les mélanges sans jamais faire défaut. Plus que ça, Morel offre avec le Point G les meilleurs macarons du Québec. Bonbons, moulages et créations spéciales sont également disponibles en commandes privées.

Christophe Morel Chocolatier, *produits disponibles dans plusieurs commerces au Québec; pour info : www.morelchocolatier.com*

Crêpes et sandwichs

Un super-sandwich à la viande fumée

Facile chez Reuben's de prendre un petit encas sur le pouce tel un sandwich à la viande fumée ou encore un *cheesecake* étagé aux fraises qui suffit à lui seul à boucher une dent creuse.

Reuben's Delicatessen, *888 rue Sainte-Catherine Ouest, Montréal, 514-861-1255, www.reubensdeli.com*

Où trouver de merveilleux petits sandwichs vietnamiens

Au cours de mes voyages au Vietnam, j'ai découvert ces petits sandwichs tantôt fabriqués avec un pain de mie au lait, tantôt avec un pain qui ressemble plus à la baguette. Au Vietnam, on peut les acheter dans la rue, mais à Montréal il faut venir au comptoir Banh Mi Cao Thang et choisir sur l'affiche son choix de sandwichs au poulet, végétariens ou autres. Il est aussi possible ici de trouver d'autres plats vietnamiens comme des *nem*, des rouleaux de printemps et même des soupes *phô* certains jours.

Bahm Mi Cao Thang, *1082 boulevard Saint-Laurent, Montréal, 514-392-0097, http://caothangsandwich.com*

Les sandwichs façon Claude

Tout petit comme un mouchoir de poche avec trois ou quatre tables à peine, il faut découvrir ce coin caché de l'avenue de Monkland. Le chef et unique personne qui travaille ici se nomme Claude. Chaque jour, il propose des potages ou soupes du moment, un magnifique *grilled cheese*, des sandwichs au rôti de porc froid ou au canard confit, et de chouettes petits desserts qui savent nous réconcilier avec le péché, celui de la gourmandise.

Claude Cuisine, *5688 avenue de Monkland, Montréal, 514-484-4000, www.claudecuisine.com*

La crêperie du marché Jean-Talon

Jérôme, le crêpier de service, est sans aucun doute un passionné. Il aime la Bretagne qui lui a tout appris sur les crêpes et galettes. Tous les jours, il nous fait partager ses passions, quelquefois ses contraintes, mais dans tous les cas, il sait nous régaler avec ses galettes de sarrasin et ses crêpes de froment qu'il garnit soit de fromage, de fruits de mer, de caramel à la fleur de sel ou des produits qu'il découvre sur le marché. Salées ou sucrées, tout est permis. Jérôme sert aussi depuis peu des crêpes ou galettes avec farine sans gluten : avis aux intéressés.

Crêperie du Marché, *marché Jean-Talon, 7070 avenue Henri-Julien, Montréal, 514-238-0998, www.creperiedumarche.com*

Épiceries et marchés

Heureux qui comme Alexis!

Comme le serait Alexandre le bienheureux, Alexis est heureux dans sa boutique gourmande qui sait nous réjouir et nous faire saliver. On y trouve les meilleurs produits, y compris des viandes mûries à point, de grandes huiles d'olive, des légumes bios et plus encore.

Alexis Le Gourmand, 1407 rue Saint-Jacques, Montréal, 514-935-7676, www.alexislegourmand.com

---

Nicola Travaglini, l'âme de l'Italie au marché Jean-Talon

Quelle magnifique boutique! On se croirait même en Italie tellement le choix qu'elle propose, tant en produits frais qu'en conserves, charcuteries et autres spécialités, est abondant. Il faut goûter à sa *porchetta* ou encore, durant les Fêtes, son *panettone*, le meilleur en ville. C'est beau, c'est bon et on voudrait comme moi tout acheter. On peut consommer sur place un excellent café, mais aussi un sandwich à la mortadelle, des anchois, ou encore une pizza encore chaude comme chez la *mamma* de Nicola.

Boutique Nicola Travaglini, 152 avenue Mozart Est, Montréal, 514-419-8969, http://nicolatravaglini.com

---

Le nouveau concept gourmand dans Parc-Extension

C'est à la fois un café qui vous offre, outre des cafés d'exception, de bons thés et des tisanes uniques, mais également une épicerie fine qui fait la promotion des produits locaux. Plus encore, on peut y consommer de magnifiques paninis, des sandwichs et des plats du jour concoctés sur place et servis avec une bonne bière locale.

Café L'Extension/Épicerie Express, 550 avenue Beaumont, Montréal, 514-659-4221, www.epicerieexpress.com

L'épicerie du Cartet de la rue McGill

On pourrait s'imaginer être à Tokyo, Paris ou Chicago. Une épicerie toute refaite, moderne et urbaine, où l'on trouve aussi bien de bonnes huiles d'olive et des eaux minérales importées que des plats préparés pour emporter. Mais rien ne vaut un bon café et un sandwich à l'une des grandes tables de bois du Cartet à l'heure du lunch.

Le Cartet, *106 rue McGill, Montréal, 514-871-8887, www.lecartet.com*

Marc du Fouvrac

Marc veut vendre son commerce depuis des années, mais en bout de ligne il reste et c'est tant mieux. On ne peut pas vivre à Montréal, dans la rue Fleury ou sur l'avenue Laurier, sans connaître cette belle épicerie de quartier. Divers produits de qualité et un très grand choix de thés, de cafés et d'huiles d'olive s'y trouvent pêle-mêle avec des savons, des chocolats et de beaux objets pour les arts de la table. Marc, quand il est présent, vous expliquera sa philosophie de la vie. Après lui, le déluge!

Le Fouvrac, *1451 avenue Laurier Est, Montréal, 514-522-9993; 1404-A rue Fleury Est, Montréal, 514-381-8871; www.fouvrac.com*

Les Douceurs du marché Atwater

Cette fois, c'est au marché Atwater que ça se passe. Une vraie caverne d'Ali Baba où l'on trouve les meilleurs produits d'importation qui existent sur la planète, dont une grande variété d'huiles d'olive, de vinaigres balsamiques, de produits d'Orient et d'épices. Il n'existe plus de fond dans cette charmante boutique où il faut parfois, même en semaine, jouer du coude. Une maison de grande constance qui offre un choix digne d'une grande épicerie.

Les Douceurs du marché, *marché Atwater, 138 avenue Atwater, Montréal, 514-939-3902*

Le marché de la Ferme Guyon

À la fois une ferme-école et un magasin, c'est à Chambly au bord de l'autoroute 10 que se trouve ce commerce consacré aux jardiniers comme moi, mais aussi aux artisans des arts de la table. Il propose du bon pain, des charcuteries de qualité, des produits bios et une superbe épicerie qui rassemble une quantité impressionnante de produits du Québec. La famille Dion, avec le fondateur André et Sébastien, son fils, gère cet immense site qui rivalise en qualité avec les plus belles épiceries du Québec.

Ferme Guyon, *1001 rue Patrick-Farrar, Chambly, 450- 658-1010, www.fermeguyon.com*

La grande épicerie de Griffintown

Les plafonds sont à 10 mètres au moins, l'espace est magique pour présenter ce nouveau concept d'épicerie installé dans le quartier très tendance et à la mode qu'est Griffintown. On pourrait se penser à Paris ou à San Francisco, mais c'est à Montréal que cela se passe. On y trouve les plus beaux produits qui soient, y compris ceux issus du Québec. En plus d'y faire son épicerie, on peut y consommer des sandwichs et autres plats préparés sur place.

Épicerie La Bourgogne, *108 Square Gallery, Montréal, 514-846-3336, www.epicerielabourgogne.com*

Du vrai chorizo dans une vraie épicerie portugaise

J'aime cette épicerie unique pour trouver des produits d'importation du Portugal certes, mais surtout pour acheter le meilleur chorizo au Québec que l'on fabrique directement sur place. L'épicerie-boucherie Soares & Fils fournit la moitié des épiceries et boucheries fines de Montréal et des alentours, mais aussi les bons restaurants portugais.

Épicerie Soares & Fils, *130 avenue Duluth Est, Montréal, 514-288-2451*

Une bien belle épicerie

Fou d'ici, une épicerie fine située en plein cœur du Quartier des spectacles, présente des produits bios d'ici et des plats à emporter signés Daren Bergeron, l'ancien chef du Decca 77. Pâtes farcies, champignons, viandes, poissons, sushis, pain frais de L'Amour du pain... on salive en entrant et le portefeuille devient plus léger à sa sortie. Ici on trouve de tout, même des amis!

***Fou d'ici**, 360 boulevard De Maisonneuve Ouest, Montréal, 514-600-3424, www.foudici.com*

L'épicerie de Monsieur Dad

À Outremont à proximité de chez Leméac, on trouve l'épicerie Gourmet Laurier. On y découvre aussi bien des bêtises de Cambrai que du cacao Banania, ou encore du foie gras de canard, du prosciutto d'Italie et de magnifiques fromages du Québec ou importés. Pierre, l'incontournable adjoint de Monsieur et Madame Dad, connaît tous les produits et sait comment vous conseiller car il est aussi fin gourmet. Vraiment une épicerie pas comme les autres.

***Gourmet Laurier**, 1042 avenue Laurier Ouest, Montréal, 514-274-5601, www.gourmetlaurier.ca*

Un supermarché asiatique où l'on parle le français

Ce supermarché permet de trouver tous les produits chinois et une grande partie des produits asiatiques importés au Canada. Poissons et crustacés frais en vivier, légumes et fruits importés, produits secs et grand choix de sauces pour préparer les différentes cuisines asiatiques.

***Marché G&D**, 1006 boulevard Saint-Laurent, Montréal, 514-397-8828*

Le petit marché de la rue Amherst

Installé dans un immeuble historique qui revit, le marché Saint-Jacques demeure un chouette petit marché de quartier. On y trouve les fleurs comme jadis l'été, mais aussi toute l'année, la Fromagerie Atwater, de la superbe viande, du pain et une bonne épicerie qui offre bien plus qu'un dépanneur.

***Marché Saint-Jacques**, 2035 rue Amherst, Montréal, 514-598-9449, www.marchesaint-jacques.ca*

Un vrai épicier comme on les aime

C'est incontestablement l'épicerie du Plateau et du Mile-End, et l'une des meilleures de Montréal. On y trouve de vrais bouchers qui proposent des viandes de grande qualité et mûries jusqu'à 45 jours, du bon boudin noir, un grand choix de fromages fins et d'huiles d'olive, des fruits et légumes avec une belle variété de champignons sauvages, mais aussi des produits uniques importés ou locaux comme le sirop d'érable de Monsieur Courville du Domaine Les Brome en Estrie. Livraison partout dans la région de Montréal.

Latina, *185 avenue Saint-Viateur Ouest, Montréal, 514-273-6561, www.chezlatina.com*

Une vraie épicerie japonaise

Tout ou presque de ce qui vient de l'empire gourmand du Soleil levant est présent dans cette épicerie japonaise de la rue Victoria. *Tobiko* (œufs de poissons volants), algues de toutes sortes, plusieurs variétés de thés verts, cuiseurs à riz, tamis ou mandolines à découpe, bref, voilà l'idéal pour ceux qui aiment comme moi cette grande cuisine du monde.

Miyamoto Épicerie Fine Japonaise, *382 avenue Victoria, Westmount, 514-481-1952*

Faire son épicerie sur le Vieux Continent

On pourrait effectivement se croire dans une épicerie de Lisbonne, de Madrid ou de Bruxelles. Un vrai régal pour les amateurs de fromages, de bonnes charcuteries ou encore de produits fins d'épicerie. Huiles d'olive de qualité, très bons vinaigres, et une foule de «bébelles» gourmandes que l'on veut acheter à tout prix. Paul, le maître des lieux, saura vous convaincre que la gourmandise est loin d'être un péché.

La Vieille Europe, *3855 boulevard Saint-Laurent. Montréal, 514-842-5773*

Une épicerie dans le Vieux-Montréal

On pourrait se croire aux anciennes Halles de la Villette à Paris dans cette charcuterie-épicerie aux accents français. Un grand choix de produits d'épicerie fine et de très bons fromages s'ajoute aux grandes charcuteries que vend cette boutique où manger est un acte de civisme. Quelques tables pour consommer et pousser la chansonnette.

Marché de la Villette, *324 rue Saint-Paul Ouest, Montréal, 514-807-8084, http://marche-villette.com*

Fromageries

Le meilleur (et le moins cher) parmesan à Montréal

Également une épicerie italienne et une charcuterie, cette fromagerie sait vraiment nous faire saliver. Le *papa*, ses filles et tous les employés s'unissent pour nous faire apprécier la Calabre et l'Italie au grand complet. On y vend le *parmigiano* le moins cher de Montréal ainsi que de la mortadelle, du jambon cuit et de la *porchetta* qui arrivent directement d'Italie, sans oublier les huiles fines que les deux filles importent pour le magasin et de nombreux autres commerces de Montréal. Vous ne pourrez pas vous en passer, c'est trop bon!

La Baie des Fromages, *1715 rue Jean-Talon Est, Montréal, 514-727-8850, www.labaia.ca*

La Fromagerie Atwater de Gilles Jourdenais

C'est le premier endroit ouvert par Gilles Jourdenais, et selon moi, le plus intéressant. Les employés présents depuis longtemps connaissent bien les clients et peuvent les diriger vers des choix particuliers. Très bon choix de fromages du Québec ou importés, bières locales et de bonnes charcuteries. Durant les Fêtes, arrivages spéciaux de vacherin Mont d'Or, stiltons et autres merveilles à découvrir. Gilles, comme ses employés, est un passionné qui n'hésite pas à vous faire goûter ses découvertes du moment.

Fromagerie Atwater, *marché Atwater, 134 rue Atwater, Montréal, 514-932-4653, www.fromagerieatwater.ca*

Une boutique, un petit café et un homme passionné qui vend des fromages

Amateur de jasette et de bons fromages, voici l'endroit où aller. En plus de la caverne d'Ali Baba alias Max Dubois, vous découvrirez ici un petit resto-bar à vins unique. De la tartiflette à la fondue, tout ici est prétexte pour apprécier saint Uguzon, le saint patron des fromagers. J'y vais pour le grand choix de fromages du Québec, le beurre fermier et les fromages importés et affinés sur place, mais surtout pour la bonne humeur qui règne dans les lieux. Vins fins d'importation à consommer en mangeant.

L'échoppe des fromages, *12 rue Aberdeen, Saint-Lambert, 450-672-9701, www.lechoppedesfromages.com*

Hamel, la référence fromagère

Avec plusieurs boutiques, Hamel est devenue une grande référence en ce qui concerne les fromages au Québec. L'entreprise bénéficie de caves d'affinage, et surtout d'une vaste expérience en ce qui concerne les fromages au lait cru, importés, autant que les fromages issus du Québec. Essayez la gamme signature Le Pic, qui offre des fromages d'ici et d'ailleurs spécialement affinés pour la maison Hamel.

La fromagerie Hamel, *marché Jean-Talon, 220 rue Jean-Talon Est, Montréal, 514-272-1161; marché Atwater, 138 avenue Atwater, Montréal, 514-932-5532, www.fromageriehamel.com; plus trois autres succursales à Montréal et une à Repentigny*

Yannick, le fromager d'exception

Monsieur Achim, Yannick de son prénom, est un véritable artiste du fromage. Avec ses autres fromageries de Saint-Jérôme et de Québec, il rayonne à travers la province. Sur l'avenue Bernard à Montréal, on découvre chaque semaine les nouveaux arrivages d'Espagne, du Portugal, de France et d'Italie, mais aussi ses coups de cœur des fromagers d'ici. À découvrir aussi, le beurre d'Isigny, le gruyère de grotte de trois ans et le fromage blanc.

Yannick Fromagerie d'exception, *1218 avenue Bernard, Montréal, 514-279-9376, www.yannickfromagerie.ca*

Fruiteries

Les fruits et légumes de Nino au marché Jean-Talon

Que ferons-nous sans Nino? Heureusement, son esprit demeure même si Patricia Masbourian est désormais la propriétaire des lieux. Elle a su avec brio perpétuer ce que son mentor, aujourd'hui retraité, lui avait appris. On trouve notamment dans sa fruiterie une grande variété de champignons sauvages, des oranges sanguines de Sicile ou de Séville pour les confitures, des dattes fraîches et du poivre vert, mais aussi un superbe choix d'huiles d'olive de grande qualité. Plus encore, l'été chez Nino, les bananes poussent sur les poteaux électriques.

Chez Nino, *192 place du Marché Nord, marché Jean-Talon, Montréal, 514-277-8902*

Jacques et Diane au marché Jean-Talon

Dès que les premiers rayons de soleil annoncent le printemps, Jacques Rémillard et Diane Tisseur font leur apparition au marché Jean-Talon en proposant pas moins d'une centaine de fines herbes en pot et des plants de légumes qui seront, lorsque arrivés à maturité, eux-mêmes vendus durant tout l'été. Des légumes oubliés et uniques que l'on cultive en famille avec un respect de la nature et des clients choyés que nous sommes. À découvrir, les multiples variétés de carottes, de betteraves et de tomates, les salsifis frais et les petits haricots verts extrafins, sans oublier les pommes de terre et les petits oignons qui nous font tellement apprécier l'été au marché.

Ferme Jacques et Diane, *marché Jean-Talon, kiosque 192, 7070 avenue Henri-Julien, Montréal, www.jacquesetdiane.com*

Val-Mont, une constance de qualité

Avec ses nombreux magasins au Québec, les consommateurs trouvent leur compte chez Val-Mont. On y propose une variété de produits d'épicerie, de charcuteries, de fromages fins et de pâtisseries, mais surtout un bon choix de fruits et de légumes à des prix très abordables. En saison, on savoure ses fraises, bleuets et framboises du Québec, ainsi que ses produits d'érable de grande qualité.

Val-Mont, *2147 avenue du Mont-Royal Est, Montréal, 514-523-8212, www.val-mont.ca, plus six autres adresses dans la grande région de Montréal*

Glaciers

La crème glacée du terroir

Il fallait le faire, développer une gamme de crèmes glacées toutes sucrées à l'érable. De plus, on trouve ici des glaces parfumées au vin de glace et aux fruits frais du Québec. Jean-Pierre Martel est un fou du sucré et, chaque nuit, il rêve à de nouvelles saveurs.

Crème glacée du terroir Hudson, *produits disponibles dans plusieurs commerces au Québec; pour info : www.cremeglaceehudson.com*

Givrés, ils le sont

Installés rue Saint-Denis, ces anciens du Bilboquet proposent leurs sorbets et leurs crèmes glacées exceptionnelles à consommer été comme hiver. Plus encore, vous trouverez également ici de superbes desserts glacés.

Les Givrés, *3807 rue Saint-Denis, Montréal, 514-373-7558, www.lesgivres.ca*

Le Bilboquet et ses glaces

Ils ont longtemps été la seule référence glacière à Montréal. Ils ne sont plus les seuls à nous faire des sorbets et de la bonne crème glacée, mais ils innovent constamment dans le choix des saveurs et des parfums qu'ils utilisent dans leurs recettes. Une très grande qualité que l'on retrouve en magasin parfois, mais surtout dans les différentes boutiques du Grand Montréal.

Le Glacier Bilboquet, *1311 avenue Bernard, Montréal, 514-276-0414, www.bilboquet.ca, plus six autres succursales dans la grande région de Montréal*

Le Havre-aux-Glaces du marché Jean-Talon et du marché Atwater

Ils sont fous, ces deux frères qui nous font découvrir leurs passions pour la glace et le sorbet. Durant la saison estivale, ils n'hésitent pas à mélanger les petits fruits au cidre de glace, ou encore aux épices. Une pure merveille de desserts glacés.

Havre-aux-Glaces, *toute l'année au marché Jean-Talon, 7070 avenue Henri-Julien, Montréal, 514-278-8696; d'avril à octobre au marché Atwater, 138 avenue Atwater, Montréal; http://havreauxglaces.com*

Librairie

La librairie gourmande d'Anne Fortin au marché Jean-Talon

Une librairie pas comme les autres qui rassemble tout ce qui touche les plaisirs gourmands : de la cuisine pâtissière et autres métiers culinaires aux ouvrages historiques traitant de l'alimentation, en passant par tout ce qui peut nous informer sur le vin et les alcools.

Librairie Gourmande, *marché Jean-Talon, 7070 avenue Henri-Julien, Montréal, 514-279-1742, www.librairiegourmande.ca*

Maison de thé

La référence en matière de thé

Voici une grande maison de thés. Chaque année lors de la cueillette des thés de printemps, les propriétaires se rendent en Asie pour rapporter de beaux trésors. Ils proposent des cours, des dégustations et offrent en boutique les meilleurs thés du monde.

Camellia Sinensis, *351 rue Émery, Montréal, 514-286-4002; marché Jean-Talon, 7010 avenue Casgrain, Montréal, 514-271-4002; http://camellia-sinensis.com*

Traiteurs

Le traiteur du Vieux-Montréal

Pierre Carrier et son épouse, Jacqueline Besson, ont gagné leurs galons au fur et à mesure des années et sont désormais bien implantés sous plusieurs bannières. Traiteurs du Cirque du Soleil et du Festival Juste pour rire, ils offrent un service personnalisé adapté aux besoins de chacun, que ce soit pour un repas en amoureux ou un grand rassemblement de plus de 1 000 personnes. Pierre et Jacqueline ont transmis le flambeau à leur fils David, qui perpétue la tradition et innove comme l'avait fait son père 20 ans auparavant.

Agnus Dei, *530 rue Bonsecours, Montréal, 514-866-2323, www.agnusdei.ca*

On traite bien les gens à Verdun

Voici un traiteur très avant-gardiste qui propose des repas pour toutes les occasions et toutes les bourses. En plus de ses plats d'une grande originalité, il offre un service à domicile de qualité. Repas en tête-à-tête, cocktails dînatoires ou grands buffets, tout est possible pour eux.

Robert Alexis Traiteur, *3693 rue Wellington, Verdun, 514-521-0816, www.robert-alexis.com*

Pour découvrir la génération montante des chefs

L'école des futurs chefs

L'Institut de tourisme et d'hôtellerie du Québec (ITHQ) propose menus et tables d'hôte dans son restaurant du rez-de-chaussée, et ce, du petit déjeuner jusqu'au souper. Étudiants, professeurs et professionnels se relayent afin de nous faire découvrir que cette grande école d'hôtellerie peut nourrir l'âme et le ventre.

Institut de tourisme et d'hôtellerie du Québec (ITHQ),
3535 rue Saint-Denis, Montréal, 514-282-5108, www.ithq.qc.ca

10 recettes

pour se faire plaisir

(*et une de plus en prime!*)

Pourquoi vous donner mes recettes alors que des centaines de livres de cuisine envahissent le marché chaque année? La raison est simple, je vous offre ici ce que j'aime le plus cuisiner lorsque je reçois des amis à ma table, dehors l'été avec un barbecue, ou encore de façon simple et conviviale. Soyez rassuré, vous ne trouverez ici point de recettes à rallonge avec des sous-méthodes et des ingrédients rares et parfois difficiles à se procurer.

En ce qui me concerne, les recettes que j'aime faire doivent être savoureuses et faciles d'exécution. Pas besoin à tout coup de truffes ou de foie gras, même si j'aime ces produits. Dieu que c'est bon une simple tomate du jardin avec une huile fine du Douro et un pain que Michel de L'Amour du pain laisse bien caraméliser sur la sole du four.

Les recettes sont données pour quatre personnes, sauf la tarte aux pommes et le carré d'agneau.

Steaks de côte marinés aux épices et cacao

- *2 steaks de côte de bœuf désossés de 400 g chacun*
- *5 ml de poivre de Kampot ou de poivre noir concassé*
- *5 ml de poudre de* massala *(curry)*
- *5 ml de cacao*
- *5 ml de sauce soya légére*
- *45 ml d'huile d'olive*
- *15 ml de jus de citron*
- *2 gousses d'ail hachées*
- *Sel au goût*

Préparer la marinade en mélangeant en premier lieu le cacao avec l'huile d'olive, le jus de citron et la sauce soya. Ajouter ensuite l'ail, la poudre de *massala*, le poivre et un peu de sel.

S'assurer de bien mélanger de façon homogène.

Mettre les steaks à mariner 4 heures au froid avec le mélange en prenant soin de les retourner aux 2 heures pour bien faire pénétrer la marinade à l'intérieur.

Préchauffer le barbecue et cuire les steaks durant 2 minutes de chaque côté après les avoir salés légèrement.

Éteindre le barbecue et laisser reposer les steaks sur la grille du haut du barbecue durant 3 à 4 minutes.

Découper ensuite et répartir dans 4 assiettes. Servir tel quel avec des pommes de terre cuites au four, ou en papillotes.

Salade d'asperges du Québec à l'eau d'oranger

- *2 bottes d'asperges du Québec*
- *2 échalotes françaises émincées*
- *Le zeste d'une orange*
- *60 ml d'huile d'olive*
- *30 ml de vinaigre balsamique*
- *10 ml d'eau de fleur d'oranger*
- *5 ml de ciboulette hachée*
- *30 ml de beurre*

- *Sel et poivre au goût*

Éplucher les asperges et couper les bouts plus durs (ceux qui se retrouvent dans le sol).

Préparer une casserole avec de l'eau salée, et lorsque l'eau bout, y plonger les asperges 2 minutes et refroidir aussitôt.

Dans une casserole, faire suer au beurre les échalotes, puis ajouter l'eau de fleur d'oranger et le zeste d'orange. Hors du feu, monter la sauce avec l'huile d'olive et ajouter le vinaigre. Assaisonner de sel et de poivre, puis finir avec la ciboulette. Verser la sauce sur les asperges et servir.

Note : *si les asperges sont très petites, il n'est pas nécessaire de les éplucher.*

Homards aux petits légumes et au poivre *sanshō*

- *4 homards d'environ 570 g chacun*
- *50 g de carottes en julienne*
- *50 g de poireaux en julienne*
- *50 g de panais en julienne*
- *2 échalotes françaises hachées*
- *1 tomate coupée en dés*
- *250 ml de vin blanc*
- *15 ml de moutarde forte*
- *250 ml de crème à cuisson 15 %*
- *30 ml de beurre (pour faire revenir les légumes)*
- *45 ml de beurre (pour la fin)*
- *2 ml de poivre (baies) sanshō*
- *5 ml de coriandre hachée*
- *Sel au goût*

Faire cuire les homards à l'eau bouillante salée durant 12 minutes, puis refroidir à l'eau froide.

Ouvrir les homards et retirer les intestins et le boyau amer. Casser les pinces, retirer la chair et réserver. Conserver les carapaces des queues.

Dans une casserole, faire suer au beurre (30 g) les juliennes de légumes et les échalotes pendant 2 minutes et assaisonner. Réserver.

Dans la même casserole, ajouter la crème et le vin blanc, puis faire réduire de moitié. Compléter avec les baies de poivre *sanshō*, la tomate et la moutarde.

Découper les morceaux de homard, les mettre dans la sauce avec les légumes et assaisonner.

Réchauffer le mélange, puis ajouter la coriandre. Monter le tout avec le beurre restant.

Garnir les carapaces vides avec la chair des homards en laissant déborder dans les assiettes et servir rapidement.

Note : *les baies de poivre* sanshō *sont vendues dans les épiceries fines. À défaut, utiliser du poivre vert.*

Cuisses de volaille grillées, jus de pesto et bacon

- *4 cuisses de poulet de grain ou de poulet biologique*
- *250 ml de basilic*
- *5 gousses d'ail*
- *50 g de fromage romano râpé*
- *30 ml de sauce soya légère*
- *4 tranches de bacon coupées en petits dés*
- *60 ml d'huile d'olive + 30 ml pour le pesto*
- *125 ml de bouillon de volaille*
- *5 ml de poivre vert écrasé*
- *Sel et poivre au goût*

Blanchir les cuisses de volaille dans l'eau salée durant 5 minutes. Égoutter et réserver.

Faire revenir les dés de bacon à la poêle pour les caraméliser.

Mélanger ensemble l'huile d'olive (60 ml) avec la sauce soya et le poivre vert. Badigeonner les cuisses de volaille de ce mélange et les faire griller à feu moyen sur le barbecue durant 30 à 35 minutes.

Passer au mélangeur ensemble le basilic, l'huile d'olive restante, l'ail et le fromage romano. Ajouter le bouillon et assaisonner. Faire réduire l'ensemble à consistance et ajouter à la toute fin les dés de bacon. Servir avec les cuisses de poulet grillées.

Carré d'agneau
à la fleur d'ail

pour 2 personnes

- *1 carré d'agneau paré et nettoyé*
- *1 tomate écrasée*
- *1 échalote française émincée*
- *5 ml de poivre noir*
- *30 ml de fleur d'ail dans l'huile*
- *175 ml de bouillon de bœuf ou d'agneau épaissi (avec de la fécule de maïs ou un roux)*
- *30 ml d'huile végétale*
- *30 ml de beurre*
- *Sel au goût*

Assaisonner le carré d'agneau sur toutes ses faces, puis ajouter l'huile. Disposer l'agneau sur une plaque à four et marquer la viande sur le feu durant 2 à 3 minutes. Mettre au four à 400 degrés durant 10 minutes. Réserver à couvert durant 3 minutes avant de découper le carré en suivant les côtes.

Entre-temps, faire fondre le beurre dans une casserole et ajouter l'échalote et le poivre. Laisser fondre l'échalote avec le poivre pendant 2 minutes, puis ajouter la tomate et le bouillon épaissi. Finir avec la fleur d'ail et assaisonner si nécessaire.

Servir l'agneau avec la sauce.

Foie de veau grillé, sauce à la fleur d'ail et à l'oignon rouge

- *4 épaisses tranches de foie de veau de lait*
- *30 ml d'huile d'olive*
- *1 oignon rouge émincé*
- *4 tiges de fleur d'ail fraîche ou 30 ml de fleur d'ail dans l'huile*
- *1 bière rousse*
- *45 ml de beurre*
- *125 ml de sauce brune épaissie*
- *Sel et poivre au goût*

Faire couper par votre boucher les tranches de foie de veau qui doivent être bien dénervées.

Disposer les tranches dans un contenant. Ajouter l'huile d'olive et du poivre du moulin. Conserver au réfrigérateur.

Faire fondre le beurre et y faire revenir l'oignon rouge. Hacher très finement les tiges de fleur d'ail, en n'utilisant que la partie tendre. Verser la bière sur les oignons et laisser réduire de moitié. Compléter avec la sauce brune et la fleur d'ail, puis réduire jusqu'à consistance souhaitée. Assaisonner.

Préchauffer le barbecue à 400 degrés et griller sur les deux côtés les tranches de foie de veau, environ 2 minutes par côté. À la toute fin, retirer et conserver le foie de veau dans du papier aluminium durant 3 minutes.

Servir après avoir salé les tranches et disposé la sauce en cordon tout autour. Accompagner de légumes grillés ou encore de pommes de terre au four, avec crème sure et fleur d'ail.

Note : *cette recette peut aussi se faire à la poêle.*

Nage de pétoncles au persil plat et au poivre des dunes

- *12 gros pétoncles frais*
- *2 échalotes françaises hachées*
- *1,5 l de fumet de poisson ou de crustacés*
- *30 ml d'huile d'olive*
- *6 champignons shiitake émincés*
- *125 ml de vin blanc*
- *10 branches de persil plat*
- *30 ml d'huile de homard*
- *8 pousses de poivre des dunes issu de la forêt boréale (d'Origina, voir Note ci-dessous)*
- *Sel au goût*

Émincer les champignons finement en séparant la tête des pieds. Envelopper les pieds dans un coton fromage. Dans une casserole, mettre l'échalote hachée avec le vin blanc et le fumet de poisson. Ajouter le coton fromage et les pousses de poivre des dunes dans le bouillon et laisser réduire durant 5 minutes.

Retirer du bouillon le poivre des dunes et le coton fromage avec les pieds de champignons.

Chauffer l'huile d'olive et faire revenir à feu doux les lamelles de shiitake pour leur donner une petite couleur ambrée. Les ajouter au bouillon.

Découper chaque pétoncle en trois lamelles. Retirer les feuilles de persil plat de leurs tiges et les ajouter dans le bouillon. Pocher durant 1 minute les pétoncles, assaisonner et servir aussitôt en ajoutant un filet d'huile de homard.

Note : *les épices d'Origina sont vendues dans les épiceries fines.*

Le bœuf bourguignon selon Mollé

- *800 g de cubes de bœuf*
- *2 oignons*
- *2 carottes*
- *1 bouquet garni*
- *1 l de vin de Bourgogne*
- *500 ml de bouillon de bœuf*
- *45 ml d'huile végétale*
- *45 ml de pâte de tomate*
- *3 gousses d'ail*
- *30 ml de jus de citron*
- *24 boutons de champignons*
- *125 g de dés de lardons (poitrine de porc)*
- *24 petits oignons perlés*
- *Sel et poivre*
- *45 ml de beurre*
- *Persil haché au goût*

Faire mariner au froid durant 24 heures les cubes de bœuf avec 500 ml de vin rouge. Égoutter la viande et conserver le jus restant.

Faire revenir la viande à l'huile et l'assaisonner. Ajouter les oignons et les carottes, l'ail écrasé et le bouquet garni. Compléter avec le poivre, la pâte de tomate, le bouillon, les autres 500 ml de vin et le jus de marinade réservé. Couvrir et cuire au four à 375 degrés jusqu'à ce que les morceaux soient tendres, pendant environ 1 heure 30 minutes.

Retirer les morceaux de viande de la sauce et les conserver au chaud.

Retirer les carottes, les oignons et le bouquet garni. Réserver la sauce.

Blanchir les dés de poitrine de porc à l'eau bouillante durant 8 minutes, puis égoutter. Disposer les champignons dans une casserole avec 20 ml de beurre et le jus de citron, puis saler légèrement. Cuire à couvert à feu doux durant 4 minutes.

Blanchir les petits oignons perlés durant 4 minutes et les égoutter.

Faire chauffer la sauce et ajuster l'assaisonnement. Lustrer la sauce avec le beurre restant, puis la verser sur la viande et ajouter les garnitures. Servir et finir avec le persil haché.

Ma recette de tarte aux pommes

pour 6 à 8 personnes

- *500 g de pommes pour la compote*
- *1,5 kg de pommes pour la tarte*
- *400 g de pâte feuilletée*
- *30 ml de beurre*
- *80 ml de sucre vanillé pour la compote*
- *30 ml de sucre pour la tarte*

Pour la compote

Éplucher et épépiner les pommes, puis les couper en petits morceaux. Les mettre dans une casserole et ajouter les 80 ml de sucre. Laisser cuire très doucement et à couvert durant 25 à 30 minutes. Passer ensuite au tamis fin et laisser refroidir.

Pour la tarte

Abaisser la pâte feuilletée jusqu'à 2 mm d'épaisseur environ et en garnir le fond et les bords d'un moule à tarte. On peut aussi ajouter une bande de pâte de 2 cm de large sur le pourtour du moule. Cuire la pâte au four à 400 degrés durant 30 minutes environ. Laisser refroidir.

Éplucher les pommes pour la tarte et retirer les pépins et le cœur. Couper les pommes en tranches fines.

Garnir le centre de la pâte de compote et disposer les tranches en spirale. Ajouter de petits morceaux de beurre et le sucre. Cuire au four à 350 degrés durant 25 minutes.

Facultatif: on peut ajouter en finale une confiture d'abricot mélangée avec un peu d'eau pour abricoter la tarte.

Huîtres en coque au gratin de fromage bleu et perles de vinaigre

- *24 huîtres creuses*
- *175 ml de crème 35%*
- *15 ml de feuilles d'estragon hachées*
- *50 g de fromage Bleu d'Élizabeth*
- *30 ml de beurre*
- *poivre rose en grains au goût*
- *perles de vinaigre d'érable ou balsamique au goût*

Ouvrir les huîtres et en retirer l'eau.

Faire chauffer la crème avec le fromage et bien mélanger le tout. Incorporer l'estragon haché, puis faire monter la sauce au beurre bien froid. Laisser tiédir la sauce.

Lorsque tiède, ajouter délicatement les grains de poivre rose.

Faire tenir les huîtres sur un lit de gros sel dans une plaque allant au four afin de les garder bien droites.

Garnir de sauce l'intérieur de chaque huître et gratiner sous le gril du four pendant 1 minute et demie.

Servir avec les perles de vinaigre.

Crème de tomates froide au basilic

- 6 belles tomates émondées et épépinées
- 4 gousses d'ail hachées
- 2 tasses de feuilles de basilic
- 60 ml d'huile d'olive
- 60 ml de crème 15 %
- 30 ml de vinaigre balsamique
- Sel et poivre
- 250 ml de lait 2 % pour la mousse de lait

Passer tous les ingrédients sauf le lait au robot culinaire et assaisonner.

À la toute fin avant de servir, ajouter sur le dessus la mousse de lait. Servir dans une tasse froide.

10 vins

pour se faire plaisir

Le vin fait partie intégrante de la gastronomie, de la fête et de la convivialité. Il est source de plaisir autant que peuvent l'être les aliments choisis pour composer un repas. Le vin peut s'apprécier à toute heure avec ou sans repas. Il répond selon moi aux goûts de chacun, et le meilleur des vins, comme la meilleure des huiles d'olive, est celui qu'on aime. Voici 10 vins que j'affectionne particulièrement, avec quelques suggestions de plats qui seront en accord.

Les millésimes et les prix exacts peuvent changer en fonction des disponibilités et des taux de change, et sont donnés ici à titre indicatif seulement.

Domaine du Tariquet, Sauvignon

Blanc
France
entre 15$ et 16$

Connaissant bien la famille Grassa et leurs vins, j'apprécie chaque fois la signature Tariquet, un blanc sec aux arômes puissants, d'une belle fraîcheur et d'une grande élégance. Parfait pour servir avec un poisson au beurre blanc ou des huîtres, ou tout simplement pour prendre comme ça, avec des amis.

Couly-Dutheil, Les Chanteaux 2012, Chinon AOC

Blanc
France
entre 21$ et 23$

Des notes de fruits jaunes, de miel et même de fruits secs. De grâce, essayez-le avec des pétoncles à la crème d'estragon. Idéal aussi avec le homard et la viande blanche.

Ken Forrester, Petit Chenin Blanc

Blanc
Afrique du Sud
entre 14$ et 16

Ma découverte cette année. Avec une belle acidité et une complexité parfaite, il s'accorde autant avec des huîtres qu'avec un poulet en sauce. Ce petit vin est finalement un grand vin.

Marc Brédif, Vouvray

Blanc
France
entre 21$ et 22$

On ne connaît pas assez les vins de Vouvray. Tant mieux, il en reste plus pour les amateurs de ces vins presque beurrés qui affichent néanmoins une acidité qui honore ces beaux et grands crus. J'aime déguster ce vin avec une belle salade d'asperges et de homard, un fromage de chèvre ou même un Bleu d'Élizabeth.

Domaine Houchart Provence

Rosé
France
entre 16$ et 17$

Un vin d'été à savourer au bord de la piscine ou pour un déjeuner sur l'herbe, mais qui peut aussi se prendre toute l'année avec des fruits de mer ou un repas chinois.

L'Orpailleur

Rosé
Canada
entre 16$ et 17$

Un joli petit rosé de la Route des vins des Cantons-de-l'Est. Belles notes aromatiques en bouche, fruité et léger, parfait pour un sandwich à la tomate et à l'huile d'olive, des crevettes en sauce épicée, ou encore avec une brochette de pétoncles grillés.

Altano Reserva Douro 2009

Rouge
Portugal
entre 27$ et 28$

Issu de deux cépages, soit le Touriga Nacional et le Touriga Franca, ce vin du Douro sait assurément nous charmer. Il affiche une belle concentration de saveurs de petits fruits comme la mûre et le cassis, ainsi que des notes boisées et d'épices. Un vin affectif à servir avec un rôti de bœuf, des travers de porc grillés ou encore, comme au Portugal, avec du chorizo grillé.

Château Gaillard, Saint-Émilion Grand Cru

Rouge
France
entre 30$ et 31$

On se gâte avec un tel vin qui accompagne parfaitement les viandes rouges comme le bœuf, mais aussi le gibier comme le cerf de Boileau, par exemple. Un nez boisé, teinté d'épices et de vanille en finale.

Champagne Delamotte Brut

Champagne
France
entre 49$ et 50$

Quoi de meilleur qu'une *p'tite* coupe? En fait, il faut préférer la flûte à la coupe. Voilà un des champagnes qui demeure à prix raisonnable et qui sait toujours bien vous faire voyager parmi les bulles de bonheur. À consommer sans vraiment de modération, mais bien pour le plaisir.

Neige Première, La Face Cachée de la Pomme

Cidre de glace
Québec
entre 24$ et 25$

François Pouliot a été de la première cuvée des (vrais) producteurs de cidre de glace au Québec. Servi bien frappé, son Neige Première est une petite merveille d'équilibre et de saveurs. À recommander avec un foie gras d'oie ou de canard, mais aussi avec un vacherin glacé à la pistache.

10 huiles d'olive
pour se faire plaisir

L'année 2013 n'a pas été une grande année dans les pays producteurs, le froid en Europe ayant laissé de petites quantités d'olives. Mais la production qui en résulte demeure de qualité et vous n'aurez aucun mal à trouver de très bonnes huiles au Québec.

Pour choisir son huile, il faut se fier à l'identification du moulin sur la bouteille et à l'embouteillage qui doit dans tous les cas être fait sur les lieux de production. Si les médailles ou distinctions honorifiques sont souvent jugées importantes au Québec, elles ne sont pas les seuls gages de qualité d'un produit ou encore d'un artisan qui parfois ne peut assumer les coûts pour participer aux concours qui décernent ces distinctions. Enfin, n'ayez pas qu'une seule huile dans votre placard. Trois huiles de différentes forces et de goûts variés vous permettront de jouir au maximum de ce plaisir que nous procure cet arbre sacré que l'on nomme l'olivier.

Les prix sont donnés à titre indicatif et peuvent varier d'un commerce à l'autre et en raison du format, qui varie généralement de 500 ml à 750 ml.

Quinta Vale do Conde

Portugal
moins de 23$

Une très belle huile en provenance de la région du Douro, au Portugal. Longue en bouche, intense et fruitée, elle s'associe à merveille avec tous les plats. Une huile fine de caractère, mais qui plaît à tout le monde. Cette huile d'exception maintes fois gagnante de concours à travers le monde, ajoute à son étiquette actuelle un cru spécial assemblé par mes soins en 2013.

Castelas Fruité Noir

France
environ 28$

On navigue ici dans les oliviers de Provence. Ce moulin attachant travaille avec une grande recherche ses olives qui varient selon les cépages. Avec le Fruité Noir, on a tout juste l'impression de croquer dans les olives. Une huile racée à servir avec une purée de pommes de terre encore chaude.

Núñez de Prado

Espagne
moins de 28$

Voilà une belle espagnole, une grande dame de couleur dorée. Aucune amertume, un goût herbacé, une huile idéale pour les salades, le poisson et la paella. Sans aucun doute une superbe huile à consommer sans limite.

Marcinase

Italie
moins de 27$

Une superbe huile italienne D.O.P. (Appellation d'origine protégée) en provenance de Bari, qui goûte l'artichaut et les amandes, le tout supporté par des notes florales. Une huile idéale pour griller, cuire le risotto ou servir avec un fromage de brebis.

Los Doscientos 200

Chili
environ 19$

Une superbe huile du Chili qui affiche d'emblée une puissance comme seule la variété d'olives picholines peut le faire. Cette huile fine et fruitée, qui goûte aussi les herbes sauvages, est parfaite pour accommoder les légumes grillés, le chorizo, les poissons ou les pâtes.

Carm Praemium

Portugal

environ 27$

Une grande maison de vin du Portugal qui produit également de magnifiques huiles d'olive. Non seulement la bouteille est belle, mais encore l'huile qui se trouve dedans est fine et délicate. On goûte les herbes ou le foin coupé ainsi que la pomme verte et l'artichaut. N'hésitez pas à vous en servir pour la cuisson des poivrons, ou encore avec un fromage de chèvre.

Miracle du désert

Maroc

environ 20$

Du bonbon d'huile. Pour moi qui adore le Maroc et sa culture, il s'agit sans aucun doute de la meilleure huile de ce pays. On goûte les épices, la banane et les herbes coupées. Un pur délice à servir avec ou sans couscous, juste avec du pain, ou encore avec un fromage de brebis ou un comté de trois ans.

Goccia di Sole

Italie

environ 26$

Une belle huile italienne qui me fidélise depuis des années. J'aime son ardence et son côté épicé mais néanmoins délicat. On y découvre des notes d'amandes, d'artichaut et surtout beaucoup de plaisir. Merveilleuse pour griller les viandes ou les poissons, à ajouter en filet aux pâtes en toute fin de cuisson, ou encore avec un gorgonzola.

Planeta

Italie

environ 26$

Cette très belle huile de Sicile sait fort bien nous envoûter avec son caractère distinctif et agressif, caractéristique des huiles de la région. On goûte bien le poivre et l'artichaut, avec un côté sublime et herbacé qui apporte à cette huile une profondeur et une délicatesse en finale. Bonne avec une soupe aux tomates, une pizza cuite au four à bois ou des pâtes en sauce.

Éléia Hoev

Grèce

environ 22$

Nous sommes dans la Grèce avec cette magnifique huile au goût herbacé de l'olive Koroneiki et aux arômes de fruits mûrs et de tomate. Une huile qui s'accommode fort bien avec le fromage de brebis, ou encore avec les poissons grillés sur le barbecue.

... et pour s'y retrouver

9 cartes pour localiser aisément les établissements décrits dans ce guide.

Vieux-Montréal

Restaurants

1. bx Accords p. 29
2. cy Bonaparte p. 81
3. by Boris Bistro p. 36
4. by Brit & Chips p. 165
5. dy Chez L'Épicier p. 41
6. bz Graziella p. 129
7. ay Helena p. 143
8. by Holder p. 92
9. bz Ikanos p. 169
10. cx Kyo Bar Japonais p. 157
11. cy L'Arrivage p. 31
12. dy L'Auberge
        Saint-Gabriel p. 76
13. ey Le Bremner p. 39
14. dy Le Club Chasse
        et Pêche p. 44
15. by Le Garde-Manger p. 52
16. dy Le Jardin Nelson p. 119
17. ay Le Serpent p. 70
18. ex Les 400 Coups p. 28
19. az Mercuri Montréal p. 60
20. by Osteria Venti p. 132
21. ay Racines p. 66
22. by Restaurant Gandhi p. 173
23. by Restaurant Vallier p. 123
24. by Tapas 24 p. 146
25. dy Taverne Gaspar p. 125

Découvertes

26. ex Agnus Dei p. 201
27. by Ateliers & Saveurs p. 178
28. bz Le Cartet p. 192
29. by Marché de la Villette p. 196

222

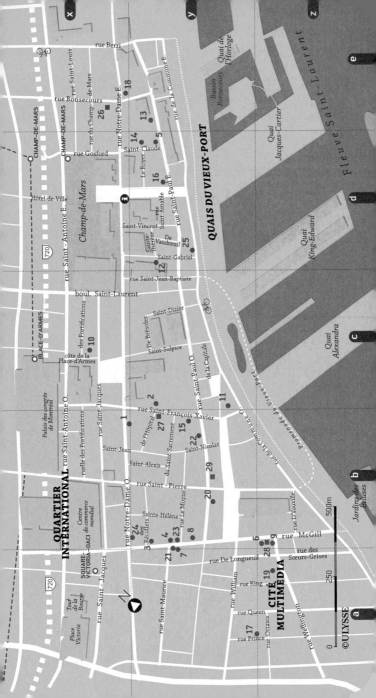

Centre-ville

Restaurants

1. cy Alexandre et fils *p. 75*
2. cy Ariel *p. 30*
3. dy Bar Furco *p. 32*
4. dz Beaver Hall *p. 78*
5. by Bier Markt *p. 164*
6. cy Birks Café
       par Europea *p. 33*
7. dy Bon Blé Riz *p. 150*
8. dy Bouillon Bilk *p. 37*
9. dy Brasserie T! *p. 38*
10. cz Café Grévin
        par Europea *p. 40*
11. by Chez La Mère Michel *p. 85*
12. by Crudessence *p. 115*
13. cy Decca 77 *p. 49*

14. by Europea *p. 90*
15. cy Ferreira Café *p. 142*
16. bx Jardin Sakura *p. 154*
17. by La Coupole *p. 88*
18. cy Laurie Raphaël
        Montréal *p. 56*
19. dy Le Contemporain *p. 47*
20. cz Le Montréalais *p. 61*
21. by Le Pois Penché *p. 63*
22. bz Le Richmond *p. 137*
23. by Maison Boulud *p. 96*
24. bz Nora Gray *p. 131*
25. cy Renoir *p. 98*
26. by Ridi Bar Ristorante *p. 138*
27. dy Taverne F *p. 148*
28. dz Toqué! *p. 72*

Découvertes

29. bz Alexis Le Gourmand *p. 191*
30. dy Bahm Mi Cao Thang *p. 190*
31. bz Épicerie
        La Bourgogne *p. 193*
32. dy Fou d'ici *p. 194*
33. dz Marché G&D *p. 194*
34. cy Reuben's
        Delicatessen *p. 189*
35. dy Vinum Design *p. 176*

Plateau Mont-Royal et Rosemont

Plateau Mont-Royal

Restaurants

1. bx Au Cinquième Péché p. 43
2. by Au Pied de Cochon p. 122
3. by Bistro Cocagne p. 34
4. cx Chez Victoire p. 112
5. by ChuChai p. 167
6. by L'Express p. 91
7. bx La Binerie Mont-Royal p. 107
8. by La Colombe p. 114
9. bx La Famille p. 50
10. bz Le Café Cherrier p. 83
11. bx Le Chien Fumant p. 113
12. bx Le Quartier Général p. 65
13. bx Les Trois Petits Bouchons p. 73
14. cx Pyrus Bistro p. 64
15. ax Renard artisan bistro p. 67
16. cx Tri Express p. 162
17. by Vertige p. 104

Découvertes

18. bx À la Folie p. 182
19. ax Boulangerie Pâtisserie Au Kouign-Amann p. 184
20. bx Boutique Point G p. 185
21. bx Fous Desserts p. 183
22. bx Le Fouvrac p. 192
23. cy Le laB p. 176
24. by Les Chocolats de Chloé p. 188
25. by Les Co'Pains d'Abord p. 185
26. by Les Givrés p. 199
27. bx Marius et Fanny p. 186
28. bx Pâtisserie Rhubarbe p. 187
29. cx Val-Mont p. 199

Rosemont

Restaurants

30. cv Bistro Chez Roger p. 79
31. cx Les Cons Servent p. 46

Découvertes

32. cv Boulangerie de Froment et de Sève p. 182
33. cv Le Marchand du Bourg p. 180

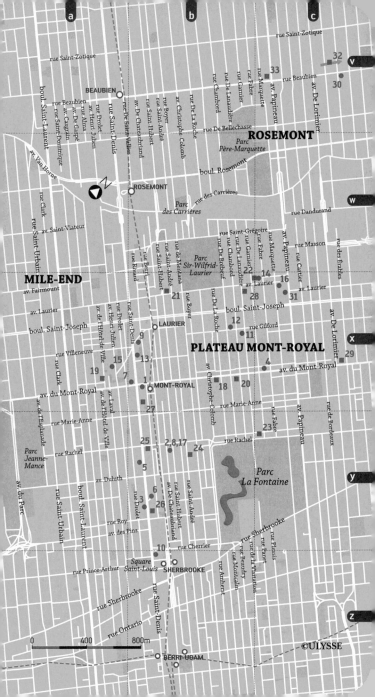

Milton-Parc et la Main

Restaurants

1. bz   **Big in Japan** *p. 153*
2. by   **Boca Iberica** *p. 140*
3. cy   **Casa Tapas** *p. 141*
4. cy   **La Prunelle** *p. 97*
5. cz   **Laloux** *p. 93*
6. bx   **Le Comptoir Charcuteries et Vins** *p. 45*
7. bx   **Le Filet** *p. 51*
8. by   **Majestique** *p. 58*
9. by   **Moishes** *p. 121*
10. cz   **Pintxo** *p. 144*
11. by   **Portus Calle** *p. 145*
12. bz   **Prato Pizzeria & Café** *p. 134*
13. bz   **Schwartz's Montreal Hebrew Delicatessen** *p. 124*

Découvertes

14. cy   **Épicerie Soares & Fils** *p. 193*
15. bz   **La Vieille Europe** *p. 195*
16. cz   **Volailles et Gibiers Fernando** *p. 181*

Quartier latin et le Village

Quartier latin

Découvertes
1. ay   Camellia Sinensis p. 201
2. ax   Institut de tourisme
        et d'hôtellerie du Québec (ithq) p. 202

Le Village

Restaurants
3. dx   Bistro sur la Rivière p. 80
4. bx   Carte Blanche p. 84
5. cx   Chez ma grosse truie chérie p. 111
6. cy   Les coudes sur la table p. 48

Découvertes
7. cx   La Fabrique Arhoma p. 182
8. bx   Marché Saint-Jacques p. 194
9. cz   Poissonnerie La Mer p. 181

©ULYSSE

Petite Italie, Outremont et Mile-End

Petite Italie et ses environs

Restaurants

1. cw Daou *p. 168*
2. bx Impasto *p. 130*
3. bx Julieta Cuisine Latine *p. 170*
4. bx Kitchen Galerie *p. 55*
5. bw Le St-Urbain *p. 71*
6. ax Maison Indian Curry *p. 171*
7. bx Manitoba *p. 59*
8. bx Pastaga *p. 62*
9. bx Primo e Secondo *p. 136*
10. bx Restaurant Gus *p. 68*
11. bx Restaurant Mile-Ex *p. 69*
12. cw Restaurant Tandem *p. 100*
13. cw Tapeo *p. 147*

Découvertes

14. cw Boulangerie Le Marquis *p. 183*
15. bx Boutique Nicola Travaglini *p. 191*
16. ax Café L'Extension/ Épicerie Express *p. 191*
17. cx Camellia Sinensis *p. 201*
18. cx Chez Nino *p. 198*
19. bw Chocolaterie Bonneau *p. 189*
20. cx Crêperie du Marché *p. 190*
21. cx Ferme Jacques et Diane *p. 198*
22. cx Havre aux Glaces *p. 200*
23. bx Joe la Croûte *p. 184*
24. cw La Baie des Fromages *p. 196*
25. cx La fromagerie Hamel *p. 197*
26. cx La Queue de Cochon *p. 180*
27. cw Le Pain dans les voiles *p. 183*
28. cx Librairie Gourmande *p. 200*
29. bx Quincaillerie Dante *p. 177*

Outremont et Mile-End

Restaurants

30. by Barcola Bistro *p. 128*
31. bz Café Sardine/Iwashi *p. 108*
32. ay Café Souvenir *p. 109*
33. bz Chao Phraya *p. 166*
34. bz Chez Lévêque *p. 86*
35. bz Hôtel Herman *p. 53*
36. bz Il Pagliaccio *p. 133*
37. bz Jun I *p. 155*
38. bz La Chronique *p. 87*
39. bz Lawrence *p. 57*
40. bz Leméac Café Bistrot *p. 94*
41. bz Mikado *p. 158*
42. bz Milos *p. 172*
43. bz Restaurant L'un des Sens *p. 99*
44. bz Soy *p. 151*
45. ay Van Horne *p. 103*
46. bz Wilensky *p. 126*

rue Jarry

a **b** **c**

5 (3 km)
19 (3 km)

13
12

boul. Saint-Laurent

rue Villeray

1

Parc Jarry

rue Duocher
av. Querbes
av. de l'Épée
rue Wiseman
av. Stuart
boul. de l'Acadie

rue Faillon

w

27 14

DE CASTELNAU
rue De Castelnau

PARC

JEAN-TALON
rue Jean-Talon

24

rue Jean-Talon

4

6

9
23

17,18,20,21,22,25,28

*Marché
Jean-Talon*

rue Bélanger

ACADIE
Av. Beaumont

16

7

29
2

15

PETITE ITALIE

av. du Parc

11

boul. Saint-Laurent
rue Clark
rue Marconi

rue Saint-Zotique

rue Beaubien

3

10
8

BEAUBIEN

26

rue Beaubien
av. Henri-Julien
av. De Gaspé
rue Drolet
av. Casgrain
rue Saint-Dominique
rue De Saint-Vallier
rue Saint-Denis
av. De Chateaubriand
rue Saint-Hubert
rue Saint-André

x

OUTREMONT
av. Van Horne

45

av. Van Horne

OUTREMONT

ROSEMONT

y

av. Lajoie

32
54

50

rue Bernard
52

av. Champagneur

30
53 49

av. Saint-Viateur

rue Jeanne-Mance
rue Waverly
rue Clark
rue Saint-Urbain
boul. Saint-Laurent

rue Saint-Denis
rue Saint-Hubert
rue Berri
rue Rivard
av. Henri-Julien
rue Drolet
av. de l'Hôtel-de-Ville

av.-Outremont
av. Bloomfield
av. Querbes
rue Durocher
rue Hutchison

42

MILE-END

44 47
39 31
46 35

av. Fairmount

33

40 41
48 34 36
51
37

av. Laurier

38 43

boul. Saint-Joseph
rue Clark
rue Villeneuve

LAURIER

z

ch. de la Côte-Sainte-Catherine
av. Maplewood

0   400   800m

©ULYSSE

Découvertes

47. bz Boucherie Lawrence *p. 179*
48. bz Gourmet Laurier *p. 194*
49. by Latina *p. 195*
50. ay Le Glacier Bilboquet *p. 200*
51. bz Les Touilleurs *p. 177*
52. by Nouveau Falero *p. 180*
53. by St-Viateur Bagel Shop *p. 184*
54. ay Yannick Fromagerie d'exception *p. 197*

Westmount, Notre-Dame-de-Grâce, Côte-des-Neiges et autour du canal de Lachine

Westmount, Notre-Dame-de-Grâce, Côte-des-Neiges

Restaurants

1. aw Brasserie Centrale *p. 82*
2. cw Kaisen Sushi Bar et Restaurant *p. 156*
3. aw Park *p. 159*

Découvertes

4. av Claude Cuisine *p. 190*
5. av Le Maître Boucher *p. 179*
6. aw Miyamoto Épicerie Fine Japonaise *p. 195*
7. av Pâtisserie de Nancy *p. 187*

Autour du canal de Lachine / Pointe-Saint-Charles et Verdun / Petite-Bourgogne et Saint-Henri

Restaurants

8. cw Grinder *p. 116*
9. cw Joe Beef *p. 54*
10. az Les Îles en ville *p. 118*
11. bz Restaurant su *p. 174*
12. by Wellington *p. 105*

Découvertes

13. cx Boucherie Claude et Henri *p. 178*
14. cx Boucherie de Tours *p. 179*
15. cx Fromagerie Atwater *p. 196*
16. cx Havre aux Glaces *p. 200*
17. cx La fromagerie Hamel *p. 197*
18. cx Les Douceurs du marché *p. 192*
19. cw Patrice Pâtissier *p. 186*
20. by Robert Alexis Traiteur *p. 201*

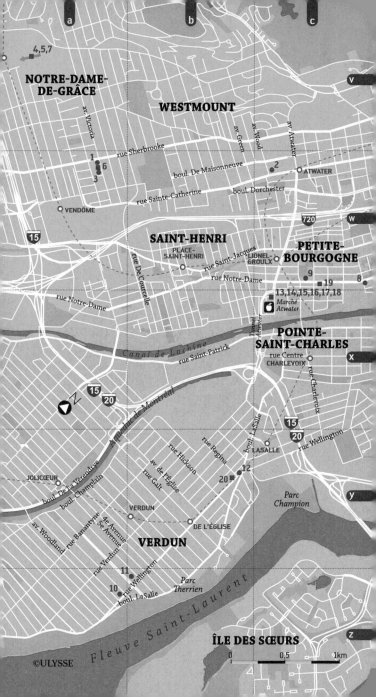

NOTRE-DAME-
DE-GRÂCE

WESTMOUNT

4,5,7

av. Victoria

rue Sherbrooke

1
6
3

boul. De Maisonneuve

2

ATWATER

av. Green

av. Wood

av. Atwater

rue Sainte-Catherine

boul. Dorchester

VENDÔME

720

w

v

SAINT-HENRI

PLACE-
SAINT-HENRI

rue Saint-Jacques

LIONEL-
GROULX

PETITE-
BOURGOGNE

rue De Courcelle

rue Notre-Dame

9

19

8

13,14,15,16,17,18

15

rue Notre-Dame

Marché
Atwater

Canal de Lachine

rue Saint-Patrick

Tunnel Atwater

POINTE-
SAINT-CHARLES

rue Centre

CHARLEVOIX

x

rue Charlevoix

15
20

Autoroute de Montréal

boul. LaSalle

15
20

LASALLE

rue Wellington

JOLICŒUR

boul. De La Vérendrye

boul. Champlain

rue Hickson

av. de l'Église

rue Galt

rue Regina

12

20

Parc
Champion

y

av. Woodland

rue Banantyne

4e Avenue
5e Avenue

VERDUN

DE L'ÉGLISE

VERDUN

rue Verdun

11

rue Wellington

Parc
Therrien

10

boul. LaSalle

ÎLE DES SŒURS

z

Fleuve Saint-Laurent

0   0,5   1km

©ULYSSE

Hochelaga-Maisonneuve

Restaurants

1. cz Bagatelle Bistro *p. 77*
2. bz État-Major *p. 89*
3. bz Le Chasseur *p. 110*
4. az Le Valois *p. 102*
5. az Sata Sushi *p. 161*

Découvertes

6. az Boulangerie Arhoma *p. 182*
7. cz Le Biérologue *p. 176*

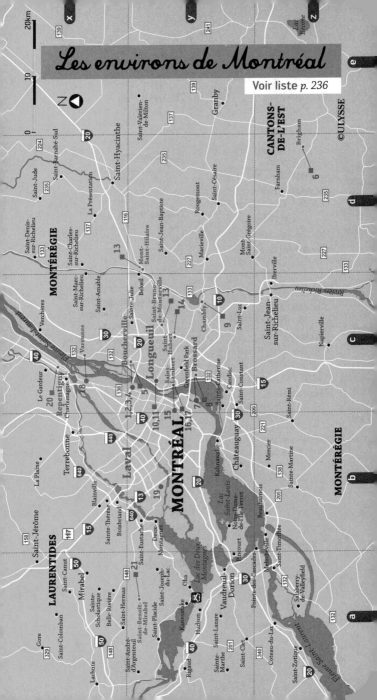

Rive-Sud de Montréal

Boucherville

Restaurants
1. cy Chez Lionel *p. 42*
2. cy Le Tire-Bouchon *p. 101*
3. cy Le Petit Tsukiji *p. 160*
4. cy LuLu bistro *p. 95*

Découvertes
5. cy Boulangerie L'Amour du pain *p. 185*

Brigham

Découvertes
6. dz Cabane à sucre du Pic Bois *p. 188*

Brossard

Restaurants
7. cy Hot Dog Café *p. 117*

Découvertes
8. cy Atelier culinaire *p. 178*

Chambly

Découvertes
9. cy Ferme Guyon *p. 193*

Longueuil

Découvertes
10. cy Aux saveurs des Sévelin *p. 180*
11. cy Ô Gâteries *p. 186*

Mont-Saint-Hilaire

Découvertes
12. dy Le Pain dans les voiles *p. 183*

Saint-Bruno

Découvertes
13. cy Pains & Saveurs *p. 187*

Saint-Hubert

Découvertes
14. cy Pains & Saveurs *p. 187*

Saint-Lambert

Restaurants
15. cy Primi Piatti *p. 135*

Découvertes
16. cy L'échoppe des fromages *p. 197*
17. cy Poissonnerie René Marchand *p. 181*

Varennes

Restaurants
18. cx Bistro V *p. 35*

Rive-Nord de Montréal

Laval

Restaurants
19. by Le Mitoyen *p. 120*

Repentigny

Découvertes
20. cx La fromagerie Hamel *p. 197*

Saint-Benoît-de-Mirabel

Découvertes
21. ay Cabane à sucre Au Pied de Cochon *p. 188*

index

Restaurants

Accords 29

Alexandre et fils 75

Ariel 30

Au Cinquième Péché 43

Au Pied de Cochon 122

Bagatelle Bistro 77

Barcola Bistro 128

Bar Furco 32

Beaver Hall 78

Bier Markt 164

Big in Japan 153

Birks Café par Europea 33

Bistro Chez Roger 79

Bistro Cocagne 34

Bistro sur la Rivière 80

Bistro V 35

Boca Iberica 140

Bonaparte 81

Bon Blé Riz 150

Boris Bistro 36

Bouillon Bilk 37

Brasserie Central 82

Brasserie T! 38

Brit & Chips 165

Café Grévin par Europea 40

Café Sardine 108

Café Souvenir 109

Carte Blanche 84

Casa Tapas 141

Chao Phraya 166

Chez La Mère Michel 85

Chez L'Épicier 41

Chez Lévêque 86

Chez Lionel 42

Chez ma grosse truie chérie 111

Chez Victoire 112

ChuChai 167

Crudessence 115

Daou 168

Decca 77 49

Index

État-Major 89

Europea 90

Ferreira Café 142

Graziella 129

Grinder 116

Helena 143

Holder 92

Hot Dog Café 117

Hôtel Herman 53

Ikanos 169

Il Pagliaccio 133

Impasto 130

Iwashi 108

Jardin Sakura 154

Joe Beef 54

Julieta Cuisine Latine 170

Jun I 155

Kaisen Sushi Bar et
Restaurant 156

Kitchen Galerie 55

Kyo Bar Japonais 157

La Binerie Mont-Royal 107

La Chronique 87

La Colombe 114

La Coupole 88

La Famille 50

Laloux 93

La Prunelle 97

L'Arrivage 31

L'Auberge Saint-Gabriel 76

Laurie Raphaël Montréal 56

Lawrence 57

Le Bremner 39

Le Café Cherrier 83

Le Chasseur 110

Le Chien Fumant 113

Le Club Chasse et Pêche 44

Le Comptoir Charcuteries et
Vins 45

Le Contemporain 47

Le Filet 51

Le Garde-Manger 52

Le Jardin Nelson 119

Leméac Café Bistrot 94

Le Mitoyen 120

Le Montréalais 61

Le Petit Tsukiji 160

Le Pois Penché 63

Le Quartier Général 65

Le Richmond 137

Les 400 Coups 28

Les Cons Servent 46

Les coudes sur la table 48

Le Serpent 70

Les Îles en ville 118

Les Trois Petits Bouchons 73

Le St-Urbain 71

Le Tire-Bouchon 101

Le Valois 102

L'Express 91

LuLu bistro 95

Maison Boulud 96

Maison Indian Curry 171

Majestique 58

Manitoba 59

Mercuri Montréal 60

Mikado 158

Milos 172

Moishes 121

Nora Gray 131

Osteria Venti *132*

Park *159*

Pastaga *62*

Pintxo *144*

Portus Calle *145*

Prato Pizzeria & Café *134*

Primi Piatti *135*

Primo e Secondo *136*

Pyrus Bistro *64*

Racines *66*

Renard artisan bistro *67*

Renoir *98*

Restaurant Gandhi *173*

Restaurant Gus *68*

Restaurant L'un des Sens *99*

Restaurant Mile-Ex *69*

Restaurant SU *174*

Restaurant Tandem *100*

Restaurant Vallier *123*

Ridi Bar Ristorante *138*

Sata Sushi *161*

Schwartz's Montreal Hebrew Delicatessen *124*

Soy *151*

Tapas 24 *146*

Tapeo *147*

Taverne F *148*

Taverne Gaspar *125*

Toqué! *72*

Tri Express *162*

Van Horne *103*

Vertige *104*

Wellington *105*

Wilensky *126*

Découvertes gourmandes

Agnus Dei *201*

À la Folie *182*

Alexis Le Gourmand *191*

Atelier culinaire *178*

Ateliers & Saveurs *178*

Aux saveurs des Sévelin *180*

Bahm Mi Cao Thang *190*

Boucherie Claude et Henri *178*

Boucherie de Tours *179*

Boucherie Lawrence *179*

Boulangerie Arhoma *182*

Boulangerie de Froment et de Sève *182*

Boulangerie L'Amour du pain *185*

Boulangerie Le Marquis *183*

Boulangerie Pâtisserie Au Kouign-Amann *184*

Boutique Nicola Travaglini *191*

Boutique Point G *185*

Cabane à sucre Au Pied de Cochon *188*

Cabane à sucre du Pic Bois *188*

Café L'Extension / Épicerie Express *191*

Camellia Sinensis *201*

Chez Nino *198*

Chocolaterie Bonneau *189*

Christophe Morel Chocolatier *189*

Index

Claude Cuisine *190*

Crème glacée du terroir Hudson *199*

Crêperie du Marché *190*

Épicerie La Bourgogne *193*

Épicerie Soares & Fils *193*

Ferme Guyon *193*

Ferme Jacques et Diane *198*

Fou d'ici *194*

Fous Desserts *183*

Fromagerie Atwater *196*

Gourmet Laurier *194*

Havre-aux-Glaces *200*

Institut de tourisme et d'hôtellerie du Québec (ITHQ) *202*

Joe la Croûte *184*

La Baie des Fromages *196*

La Fabrique Arhoma *182*

La fromagerie Hamel *197*

L'Amicale des Sommeliers du Québec *177*

La Queue de Cochon *180*

Latina *195*

La Vieille Europe *195*

Le Bièrologue *176*

Le Cartet *192*

L'échoppe des fromages *197*

Le Fouvrac *192*

Le Glacier Bilboquet *200*

Le LAB, Comptoir à cocktail *176*

Le Maître Boucher *179*

Le Marchand du Bourg *180*

Le Pain dans les voiles *183*

Les Chocolats de Chloé *188*

Les Co'Pains d'Abord *185*

Les Douceurs du marché *192*

Les Givrés *199*

Les Touilleurs *177*

Librairie Gourmande *200*

Marché de la Villette *196*

Marché G&D *194*

Marché Saint-Jacques *194*

Marius et Fanny *186*

Miyamoto Épicerie Fine Japonaise *195*

Nouveau Falero *180*

Ô Gâteries *186*

Pains & Saveurs *187*

Pâtisserie de Nancy *187*

Pâtisserie Rhubarbe *187*

Patrice Pâtissier *186*

Poissonnerie La Mer *181*

Poissonnerie René Marchand *181*

Quincaillerie Dante *177*

Reuben's Delicatessen *189*

Robert Alexis Traiteur *201*

St-Viateur Bagel Shop *184*

Val-Mont *199*

Vinum Design *176*

Volailles et Gibiers Fernando *181*

Yannick Fromagerie d'exception *197*